Horst Börner
Ulrich Zunke
Praktikum der Phytopathologie

Praktikum der Phytopathologie

Ein Farbatlas für Studium und Praxis

Von
Prof. Dr. Horst Börner
PD Dr. Ulrich Zunke

1992 · Mit 124 Farbabbildungen auf 27 Tafeln
und 124 Zeichnungen

Verlag Paul Parey · Berlin und Hamburg

Anschriften der Verfasser

Prof. Dr. Horst Börner
Institut für Phytopathologie
Olshausenstraße 40, D-2300 Kiel

PD Dr. Ulrich Zunke
Institut für Angewandte Botanik
Marseiller Str. 7, D-2000 Hamburg

Die Deutsche Bibliothek – CIP-Einheitsaufnahme
Börner, Horst:
Praktikum der Phytopathologie : ein Farbatlas für Studium und Praxis / von Horst Börner und Ulrich Zunke. – Berlin ; Hamburg : Parey, 1992
(Pareys Studientexte ; Nr. 75)
ISBN 3-489-61126-8
NE: Zunke, Ulrich:; GT

Schriftenreihe »Pareys Studientexte« Nr. 75

Umschlag: Atelier Buchholz/Hinsch/Hensinger
D-2000 Hamburg 73

Anschriften: Seelbuschring 9-17, D-1000 Berlin 42; Spitalerstr. 12, D-2000 Hamburg 1

ISSN 0939-303X
ISBN 3-489-611 26-8 · Printed in Germany

Gesetzt aus der Times Roman
(Lichtsatzsystem Linotronic 300)
Satz und Druck: Saladruck Steinkopf & Sohn, D-1000 Berlin 36
Papier: Luxosilk pro, 115 g/m², chlorfrei gebleicht hergestellt in der Papierfabrik Scheufelen
Lithographie:
Farbfotos: Carl Schütte & C. Behling GmbH & Co., D-1000 Berlin 42
Strichabbildungen: Excelsior-Cliché
Erich Paul Söhne OHG, D-1000 Berlin 61
Bindung: Lüderitz & Bauer Buchgewerbe GmbH
D-1000 Berlin 61

Vorwort

Für die durch phytopathogene Organismen verursachten makroskopischen Symptome an unseren Kulturpflanzen steht gutes Bildmaterial aus zahlreichen Veröffentlichungen zur Verfügung. Die dazu gehörenden histologischen Abbildungen liegen dagegen meist nur in Form von Strichzeichnungen vor. Mit dem »Praktikum der Phytopathologie« wird versucht, durch eine bevorzugte Darstellung mikroskopischer Präparate die bestehende Lücke auszufüllen. Mit Hilfe von zum Teil stark vergrößerten histologischen Schnitten ist die Ausgestaltung von Details im Vergleich zu Strichzeichnungen wesentlich verbessert und damit auch die bildliche Wiedergabe den natürlichen Gegebenheiten weitaus objektiver angenähert.

Bei der Auswahl der Präparate wurde auf Material zurückgegriffen, das am Institut für Phytopathologie der Universität Kiel für die Durchführung der pflanzenpathologischen Praktika, Vorlesungen und Seminare angefertigt wurde. Das »Praktikum« ist daher vor allem für Studenten der Agrarwissenschaften und Biologie als Unterstützung beim Besuch der entsprechenden Lehrveranstaltungen gedacht. Das Buch richtet sich darüber hinaus aber auch an alle, die an unserem Fach, sei es aus beruflichen Gründen oder als Freizeitbeschäftigung, besonderes Interesse haben.

Bei der Darstellung des Stoffgebietes steht der Krankheitserreger im Mittelpunkt der Betrachtung. Dabei werden jeweils die zu einer systematischen Einheit gehörenden Organismen zusammengefaßt. Im Text wird die Entwicklung der abgebildeten Krankheitserreger beschrieben und am Ende eines jeden Kapitels werden die Grundzüge der Bekämpfung sowie weitere wichtige Beispiele angefügt. Am Schluß sind einige, vorrangig deutschsprachige Literaturhinweise aufgeführt, die ein intensiveres Studium des Stoffes ermöglichen.

Der vorgegebene Umfang des Werkes führt zwangsläufig dazu, daß aus dem gesamten Stoffgebiet nur eine Auswahl an Krankheitserregern gezeigt werden kann. Da Abbildungen und Text aufeinander abgestimmt sind, läßt es sich nicht vermeiden, daß z. B. bei den Rostpilzen auch der dazugehörende Text wesentlich ausführlicher ist als bei anderen, jedoch nicht weniger wichtigen Pilzgruppen. Neben den mikroskopischen Aufnahmen werden in einigen Fällen auch Makrosymptome an Kulturpflanzen gezeigt. Hierbei werden überwiegend Beispiele berücksichtigt, bei denen die Pilze selbst, z. B. durch Fruchtkörper oder Mycel, deutlich in Erscheinung treten. Foto und zugehörige Zeichnung erhalten jeweils die gleiche Abbildungsnummer.

Die Aufnahmen sowie die Zeichnungen wurden von U. Zunke angefertigt. Die Firma Systematics, Hamburg, insbesondere Herr Juan Gentz, unterstützte uns bei der Erstellung von maßstabgerechten Computervorlagen für die Zeichnungen. Die Abbildungen 36 und 61 stellten Dr. J. Ceynowa, bzw. Dr. G. Finck, Kiel, zur Verfügung. Alle Präparate wurden im Institut für Phytopathologie der Universität Kiel hergestellt. Die Aufnahmen erfolgten mit einem Reichert Polyvar Mikroskop unter Verwendung von hochwertigen Interferenzkontrastobjektiven. Wir danken allen, die uns bei der Anfertigung der Präparate und Zeichnungen sowie der Bereitstellung von Bildmaterial geholfen haben.

Kiel und Hamburg 1991 H. Börner · U. Zunke

Inhalt

Einleitung

Bei der Auswahl der Abbildungen wurde versucht, jeweils die für die systematische Einheit charakteristischen Vertreter aufzunehmen. Während bei den pflanzenpathogenen Viren und Bakterien nur einige wenige Krankheitserreger als Beispiele berücksichtigt werden konnten, erfolgte die Anordnung der im folgenden aufgeführten Pilze nach ihrer systematischen Stellung. Dabei wurde die in der Phytopathologie allgemein anerkannte von Ainsworth et al. (1971) erstellte Einteilung zugrunde gelegt:

Pflanzenpathogene Viren
Tabakmosaik-Virus, Blattroll-Virus, Epiphyllummosaik-Virus.

Pflanzenpathogene Bakterien
Corynebacterium michiganense, Actinomyces scabies, Agrobacterium tumefaciens.

Pflanzenpathogene Pilze

Stamm: *Myxomycota*
Klasse: *Plasmodiophoromycetes*
Ordnung: *Plasmodiophorales*
Plasmodiophora brassicae
Spongospora subterranea

Stamm: *Eumycota*
Unterstamm: *Mastigomycotina*
Klasse: *Chytridiomycetes*
Ordnung: *Chytridiales*
Synchytrium endobioticum
Klasse: *Oomycetes*
Ordnung: *Peronosporales*
Plasmopara viticola
Phytophthora infestans
Peronospora arborescens
Albugo candida
Unterstamm: *Zygomycotina*
Klasse: *Zygomycetes*
Ordnung: *Mucorales*
Mucor mucedo
Rhizopus nigricans
Unterstamm: *Ascomycotina*
Klasse: *Hemiascomycetes*
Ordnung: *Endomycetales*
Hyphopichia burtonii
Ordnung: *Taphrinales*
Taphrina pruni
Klasse: *Plectomycetes*
Ordnung: *Erysiphales*
Erysiphe graminis
Sphaerotheca fuliginea
Ordnung: *Eurotiales*
Penicillium expansum
Klasse: *Pyrenomycetes*
Klasse: *Loculoascomycetes*
Ordnung: *Pleosporales*
Venturia inaequalis
Pyrenophora graminea
Klasse: *Discomycetes*
Ordnung: *Helotiales*
Sclerotinia sclerotiorum
Sclerotinia laxa
Unterstamm: *Basidiomycotina*
Klasse: *Hymenomycetes*
Ordnung: *Aphyllophorales*
Polyporus spec.
Klasse: *Teliomycetes*
Ordnung: *Uredinales*
Puccinia striiformis
Puccinia graminis
Puccinia coronata
Puccinia dispersa
Puccinia ribesii-caricis
Gymnosporangium sabinae
Uromyces appendiculatus
Cronartium ribicola
Ordnung: *Ustilaginales*
Tilletia caries
Ustilago nuda
Ustilago maydis
Unterstamm: *Deuteromycotina*
Klasse: *Coelomycetes*
Ordnung: *Sphaeropsidales*
Septoria apii
Septoria nodorum
Dilophospora alopecuri
Ordnung: *Melanconiales*
Gloeosporium perennans
Klasse: *Hyphomycetes*

Ordnung: *Clavicipitales*
Claviceps purpurea
Epichloe typhina
Ordnung: *Hypocreales*
Calonectria nivalis

Ordnung: *Hyphomycetales*
Alternaria brassicae
Alternaria solani
Fusarium solani
Pseudocercosporella herpotrichoides

Die pflanzenpathogenen Viren können wegen ihrer geringen Größe nur durch indirekte Verfahren (z. B. verstärkte Kallosebildung in den Siebröhren, Antigen-Antikörper-Reaktion) nachgewiesen werden. Bakterien lassen sich zwar in Reinkultur gut mikroskopisch darstellen, ihre unmittelbare Bestimmung im Pflanzengewebe ist aber meist wenig überzeugend, so daß auch hier spezielle Nachweisverfahren (Kochsche Postulate, serologischer Test) angewendet werden müssen.

Die phytopathogenen Pilze in oder auf Pflanzen sichtbar zu machen, ist dagegen mit einfachen optischen Hilfsmitteln möglich, wobei insbesondere die verschiedenen Fruktifikationsformen erfaßt werden. Dies sind die auf ungeschlechtlichem Wege gebildeten Zoosporen, Sporen oder Konidien, die in besonderen Behältern (Zoosporangien, Sporangien) oder an freistehenden Konidienträgern entstehen (= imperfektes Stadium, Nebenfruchtform). Bei der geschlechtlichen Fortpflanzung sind bei den niederen Pilzen dickwandige Dauersporen im Pflanzengewebe nachweisbar, während die höheren Pilze vielfach charakteristische Fruchtkörper an oder in Pflanzenteilen oder abgefallenen Blättern bilden, in denen sich nach Kernverschmelzung (Karyogamie) und anschließender Reduktionsteilung (Meiose) Sporangien und Sporen entwickeln (perfektes Stadium, Hauptfruchtform).

Die ungeschlechtliche Fortpflanzung dient vor allem der Verbreitung der Krankheitserreger während der Vegetationsperiode, die geschlechtliche Fortpflanzung in der Regel der Überwinterung bzw. Überdauerung der Pathogene. Bei zahlreichen Pilzen tragen die beiden Stadien verschiedene Namen, wie z. B. *Venturia inaequalis* und *Fusicladium dentriticum* für den Apfelschorf. Vor allem in der Praxis wird häufig der Name für die Nebenfruchtform bevorzugt verwendet. Dies ist darauf zurückzuführen, daß entweder dieses Stadium zuerst entdeckt wurde oder aber ausschließlich die Nebenfruchtform für die Krankheitsentstehung von Bedeutung ist (z. B. Monilia-Fäule beim Kernobst). Für die binomiale Namensgebung der Pilze und deren systematische Einordnung ist jedoch in der Regel das sexuelle Stadium (Hauptfruchtform) maßgebend.

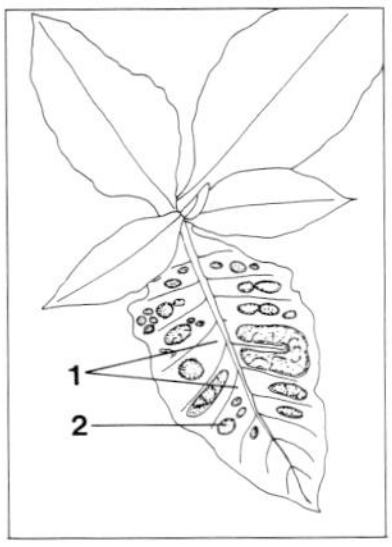

Abb. 1

Durch Viren verursachte Erkrankungen an Kulturpflanzen

Bei den pflanzenpathogenen Viren handelt es sich um obligat biotrophe Parasiten, deren Vermehrung nur in der lebenden Zelle möglich ist. Sie gelangen während der Vegetationsperiode auf folgenden Wegen von Pflanze zu Pflanze:

- Durch Tiere, die als Überträger fungieren (Vektoren). Vor allem Insekten mit stechend-saugenden Mundwerkzeugen (wie z. B. Blattläuse, Zikaden, Wanzen, Blasenfüße) sowie Milben und Nematoden sind in der Lage, die beim Saugakt zusammen mit dem Pflanzensaft aufgenommenen Viren auf gesunde Pflanzen zu übertragen.
- Auf mechanischem Wege über Bearbeitungsgeräte oder durch windbedingte Kontakte von Pflanzenteilen. Voraussetzung für eine Übertragung sind Wunden.
- Durch Aufpfropfen von virusinfizierten Reisern. Diese Übertragungsform herrscht im Obstbau vor.
- Durch parasitische höhere Pflanzen (z. B. *Cuscuta*-Arten), niedere Pilze (z. B. *Polymyxa betae*) und Pollen.

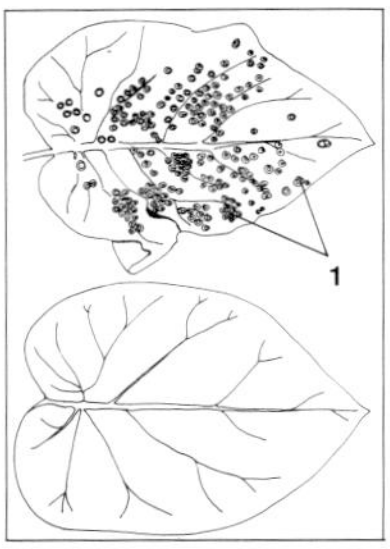

Abb. 2

Die Viren können in Samen, vegetativ vermehrten Pflanzenteilen (z. B. Kartoffelknollen), in ausdauernden Unkräutern und Holzgewächsen sowie in überwinternden Vektoren (z. B. Kräusel-Virus der Beta-Rübe in *Piesma quadrata*, Rübenblattwanze) überdauern.

Die nach einer Virusinfektion bei Kulturpflanzen auftretenden äußerlich sichtbaren Symptome sind sehr verschiedenartig. Häufig sind Anomalien des Chlorophyllapparates anzutreffen, wie z. B. Hell-Dunkelfärbungen auf den Blättern (Mosaiksymptom, Abb. 1) sowie Vergilbung, Rotfärbung oder Adernaufhellung. Außerdem treten Wachstumshemmungen, Formveränderungen (z. B. Rollen der Blätter, Abb. 3) und Nekrosen auf. Gleiche oder ähnliche Symptome können auch von phytopathogenen Bakterien und Pilzen hervorgerufen werden.

Die Viren sind Krankheitserreger von submikroskopischer Größe. Sie können daher mit dem Lichtmikroskop im Gegensatz zu den Bakterien und Pilzen nicht sichtbar gemacht werden. Ihr Vorkommen in der erkrankten Pflanze kann in der Regel nur durch indirekte Verfahren nachgewiesen werden. Hierzu gehören:

Abb. 3

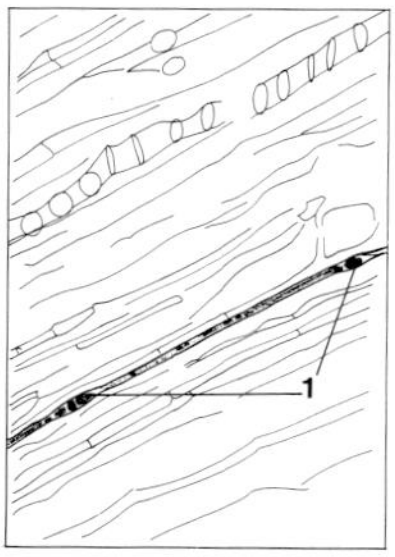

Abb. 4

Abb. 1: Tabakmosaik-Virus (TMV) an Tabak (Tabakmosaik). Makroaufnahme. Auf den Blättern Mosaiksymptome (Hell-Dunkelfärbung) (1) und Aufwölbungen (2).

Abb. 2: Tabakmosaik-Virus (TMV) an *Nicotiana glutinosa*. Makroaufnahme. Nach Inokulation von TMV treten auf den Blättern Lokalläsionen (1) auf. *N. glutinosa* kann zum Nachweis des Tabakmosaik-Virus verwendet werden (Testpflanzenverfahren). Oben ein mit TMV inokuliertes, unten ein gesundes Blatt.

Abb. 3: Blattroll-Virus an Kartoffel (Blattrollkrankheit). Makroaufnahme. Blattrollsymptome (1) an Kartoffelblättern. Die Blätter sind steif und brüchig (Stärkestau).

Abb. 4: Blattroll-Virus an Kartoffel (Blattrollkrankheit). Resorcinblau, Vergrößerung × 180. Stengellängsschnitt. In den Siebröhren wird nach einer Infektion vermehrt Kallose gebildet, die mit Resorcinblau sichtbar gemacht werden kann (1).

Abb. 1

Abb. 2

Abb. 3

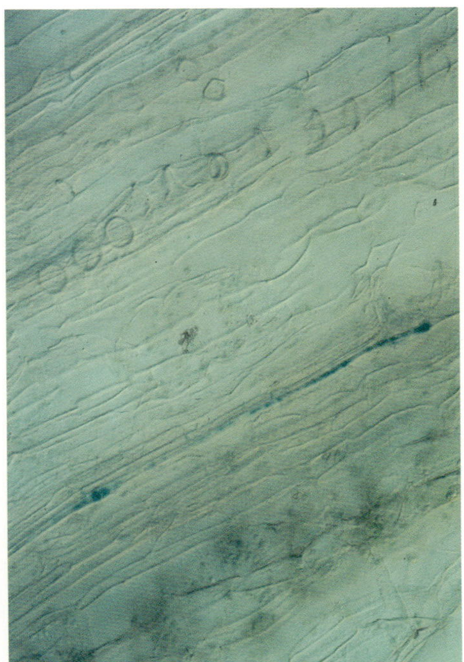

Abb. 4

- Der serologische Nachweis. Voraussetzung für die Durchführung dieses Verfahrens ist die Gewinnung eines Antiserums. Der eigentliche Nachweis erfolgt u. a. mit Hilfe des Gelpräzipitationstestes (Abb. 5) oder des ELISA-Testes.
- Testpflanzenverfahren. Hierbei werden die Viren auf Pflanzen übertragen, die auf eine Inokulation mit einer charakteristischen und eindeutigen Symptomausbildung (z. B. Lokalläsionen, Abb. 2) reagieren.
- Igel-Lange-Test. Dieses Verfahren wird speziell zum Nachweis des Blattroll-Virus an Kartoffelpflanzen angewendet. Im Gefolge einer Virusinfektion kommt es in den Siebröhren zu einer verstärkten Bildung von Kallose, die mit Resorcinblau sichtbar gemacht werden kann (Abb. 4).

Außerdem kann es nach einer Virusinfektion zu einer Anhäufung von Stärke in den Blättern kommen (z. B. beim Tabak nach einer TMV-Infektion, Abb. 6, und bei der Kartoffel nach einer Blattroll-Virusinfektion) oder es können kristalline Einschlußkörper in den Pflanzenzellen gebildet werden (z. B. Epiphyllummosaik-Virus an Weihnachtskaktus, Abb. 7, 8).

Bei der Bekämpfung der Viruskrankheiten ist vor allem wichtig, die Ausbreitung der Viren durch die Verwendung von gesundem Saat- und Pflanzgut sowie Pfropf- und Unterlagenmaterial zu verhindern. Eine weitere erfolgversprechende Maßnahme ist die Ausschaltung der virusübertragenden Insekten (Vektoren) durch Anwendung von Insektiziden.

Eine Auswahl weiterer wirtschaftlich wichtiger pflanzenpathogener Viren: Gelbverzwergungs-Virus (Viröse Gelbverzwergung an Gerste, Hafer, Weizen). Gelbmosaik-Virus (Gelbmosaik an Wintergerste). X-Virus (Leichtes Mosaik an Kartoffel). Y-Virus (Strichelkrankheit an Kartoffel). Rübenvergilbungs-Virus (Vergilbungskrankheit an Beta-Rübe). Adernvergilbungs-Virus (Wurzelbärtigkeit, Rizomania an Zuckerrübe). Scharfes Adernmosaik-Virus (Scharfes Adernmosaik an Erbse, Bohne u. a.). Gewöhnliches Bohnenmosaik-Virus (Gewöhnliches Bohnenmosaik an Gartenbohne). Gurkenmosaik-Virus (Gurkenmosaik an Gurke). Kohlschwarzring-Virus (Schwarzringfleckigkeit an Kohl). Salatmosaik-Virus (Salatmosaik an Salat). Gelbstreifigkeits-Virus (Gelbstreifigkeit an Zwiebel). Rauhschaligkeits-Virus (Rauhschaligkeit, Sternrissigkeit an Apfel). Himbeerringflecken-Virus (Pfeffinger-Krankheit an Süßkirsche). Bandmosaik-Virus (Bandmosaik an Zwetsche, Pflaume u. a.). Scharka-Virus (Scharka-Krankheit an Zwetsche, Pflaume). Apfelmosaik-Virus (Apfelmosaik an Apfel).

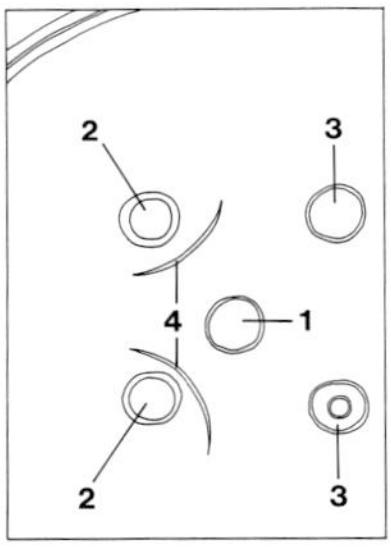

Abb. 5

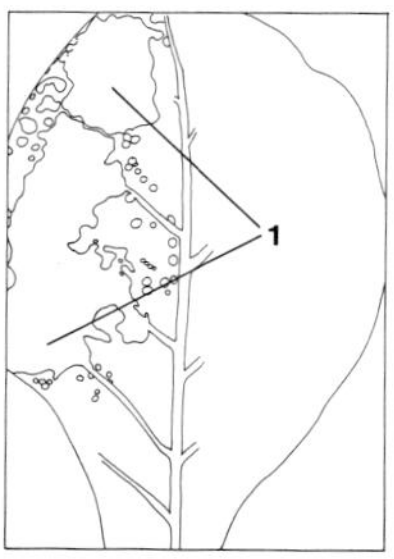

Abb. 6

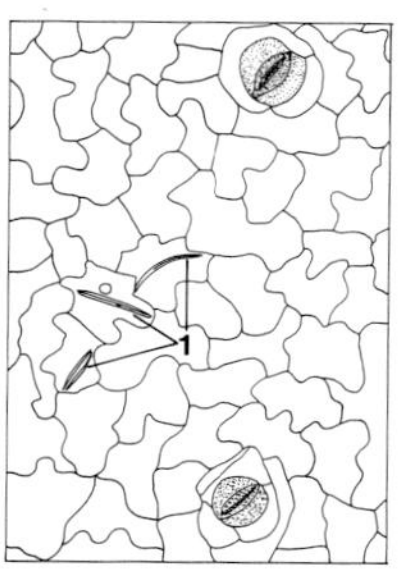

Abb. 7

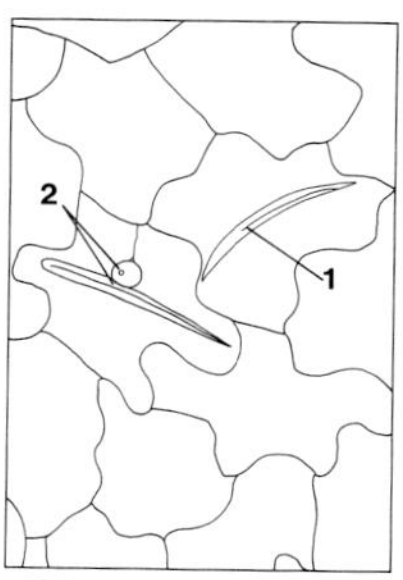

Abb. 8

Abb. 5: Tabakmosaik-Virus (TMV) (Tabakmosaik). Nachweis von TMV mit Hilfe des Gelpräzipitationstestes (serologisches Verfahren). Makroaufnahme. In einer Petrischale mit Agar werden in der Mitte und am Rande mehrere Vertiefungen ausgestanzt und mit Antiserum (1) bzw. Pressaft von TMV-infizierten (2) und gesunden (3) Tabakpflanzen beschickt. Virus und Serum diffundieren in den Agar; an den Stellen, an denen beide zusammentreffen (4), entstehen Präzipitationen (schmale weiße Bänder) im Agar.

Abb. 6: Tabakmosaik-Virus (TMV) (Tabakmosaik). Stärkestau in infizierten Tabakblättern. Makroaufnahme. Eine Hälfte eines Tabakblattes wurde mit TMV inokuliert, die andere mit Wasser abgerieben und die Pflanze drei Tage später im Dunkeln aufgestellt. 24 Stunden danach kann, nach Extraktion des Chlorophylls mit Alkohol, in der infizierten Blatthälfte mit Jodjodkalium Stärke nachgewiesen werden (1). In der gesunden Blatthälfte wurde die Stärke während der Dunkelphase abgebaut und ist nicht mehr feststellbar.

Abb. 7, 8: Epiphyllummosaik-Virus an Weihnachtskaktus (Epiphyllummosaik). Abb. 7, Vergrößerung × 180; Abb. 8, Vergrößerung × 450. Nach einer Inokulation treten in den Epidermiszellen »schiffchenförmige« Kristalle auf (Viruseinschlußkörper) (1). Diese lösen sich nicht in verdünnter Salzsäure oder Essigsäure auf; die Millon-Reaktion auf Eiweiß ist positiv (Hinweis auf den Virus-Charakter). Die Kristalle liegen in der Regel einem Zellkern an (2).

Abb. 5

Abb. 6

Abb. 7

Abb. 8

Durch Bakterien verursachte Erkrankungen an Kulturpflanzen

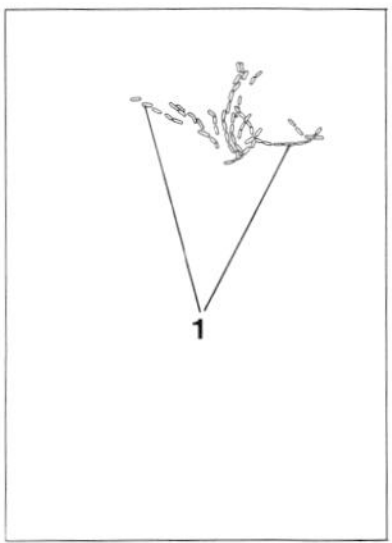

Abb. 9

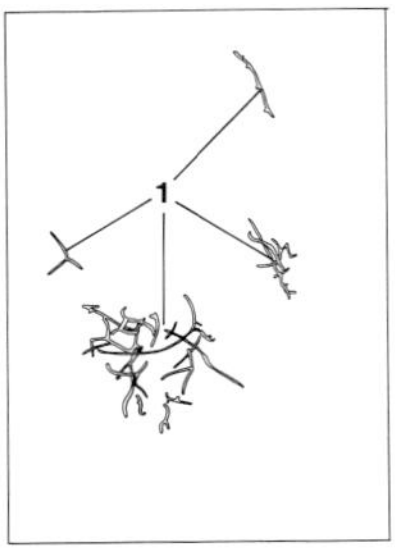

Abb. 10

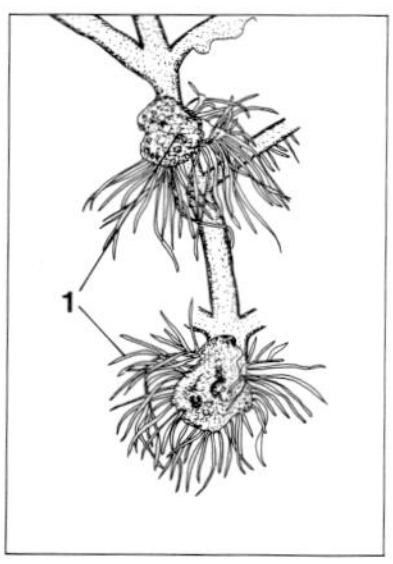

Abb. 11

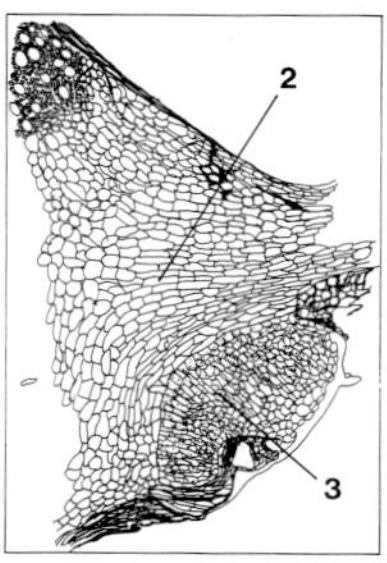

Abb. 12

Im Vergleich zu den pflanzenpathogenen Viren und Pilzen spielen die Bakterien als Krankheitserreger an Pflanzen eine geringere Rolle. In Einzelfällen kann es jedoch auch hier zu erheblichen Ertragsausfällen kommen (z. B. Knollennaßfäule an Kartoffel).

Für die Einteilung sind morphologische, biochemische und serologische Unterschiede sowie Färbereaktionen maßgebend. Phytopathologisch von Bedeutung sind Vertreter, die zu den Ordnungen *Pseudomonadales* (*Pseudomonas, Xanthomonas*), *Eubacteriales* (*Agrobacterium, Erwinia, Corynebacterium*) und *Actinomycetales* gehören.

Die Bakterien haben einen komplizierteren chemischen Aufbau als die Viren. Sie besitzen eine Zellwand. Als Speicher- und Reservestoffe dienen Glykogen, Fette und Polyphosphate. Außerdem kommen Pigmente vor, die auch ausgeschieden werden können.

Häufig auftretende Symptome an den Kulturpflanzen sind Welkeerscheinungen, Verfärbungen, Fleckenbildungen und Formveränderungen (Abb. 11). Die durchschnittliche Größe der Bakterien beträgt 1 µm (0,1–15 µm). Die zu den Ordnungen *Pseudomonadales* und *Eubacteriales* gehörenden Arten besitzen eine stäbchenförmige Gestalt (Abb. 9), während die Actinomyceten eine fadenförmige (»mycelartige«) (Abb. 10) Vegetationsform haben. Die pflanzenpathogenen Bakterien bilden keine Endosporen, sie sind zur saprophytischen Lebensweise befähigt und dringen nur über Wunden sowie Stomata in die Pflanzen ein. Ihr Nachweis erfolgt durch eindeutige äußere Symptome, durch Anwendung der Kochschen Postulate, die Prüfung physiologischer Merkmale sowie durch serologische Verfahren und spezifische Färbemethoden. Zur Identifizierung kann auch die Form und Ausfärbung der auf Nährböden wachsenden Kulturen dienen.

Zur Bekämpfung der pflanzenpathogenen Bakterien müssen vor allem vorbeugende Maßnahmen eingesetzt werden. Die Anwendung chemischer Präparate ist nur begrenzt möglich.

Weitere wirtschaftlich wichtige pflanzenpathogene Bakterien:
Erwinia carotovora (Schwarzbeinigkeit, Knollennaßfäule an Kartoffel). *Pseudomonas tabaci* (Wildfeuer an Tabak). *Pseudomonas phaseolicola* (Fettfleckenkrankheit an Buschbohne). *Pseudomonas lachrymans* (Bakterienblattfleckenkrankheit an Gurke). *Corynebacterium sepedonicum* (Bakterienringfäule an Kartoffel). *Corynebacterium michiganense* (Bakterienwelke an Tomaten). *Xanthomonas campestris* (Schwarzadrigkeit an Kohl). *Pseudomonas mors prunorum* (Rindenbrand an Steinobst). *Erwinia amylovora* (Feuerbrand an zahlreichen Zierpflanzen, Birne, Apfel, Quitte).

Abb. 9: *Corynebacterium michiganense* an Tomatenpflanzen (Tomatenwelke). Gentianaviolett, Vergrößerung × 450. Stäbchenförmige Bakterien (1).

Abb. 10: *Streptomyces scabies* an Kartoffelknollen (Kartoffelschorf). Fuchsinrot, Vergrößerung × 450. Fadenförmige Bakterien (»Strahlenpilze«) (1).

Abb. 11, 12: *Agrobacterium tumefaciens* an *Bryophyllum calycinum* (Tumorbildung, Crown gall). Abb. 11, Makroaufnahme; Abb. 12, Direkttiefschwarz, Vergrößerung × 110. Am Stengel von *Bryophyllum* treten nach einer künstlichen Infektion Tumore und Luftwurzeln auf (1). Querschnitte durch das Tumorgewebe zeigen im histologischen Bild ein deutlich von gesundem Gewebe (2) abgesetztes ungeregeltes Zellwachstum (3).

Abb. 9

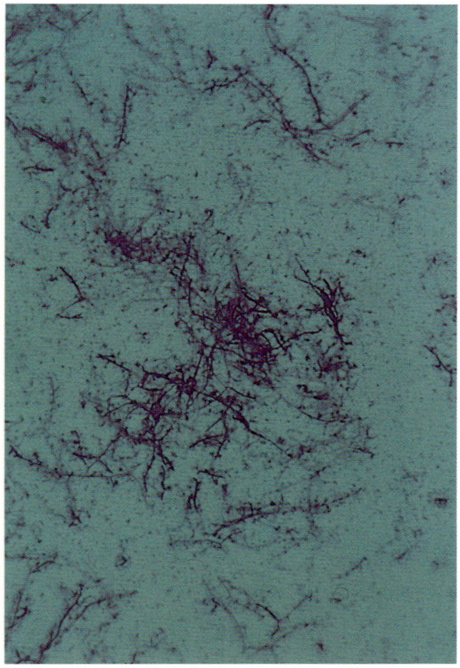

Abb. 10

Abb. 11

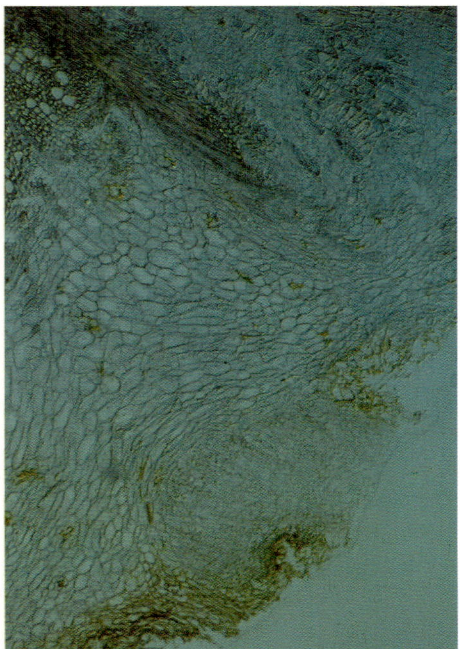

Abb. 12

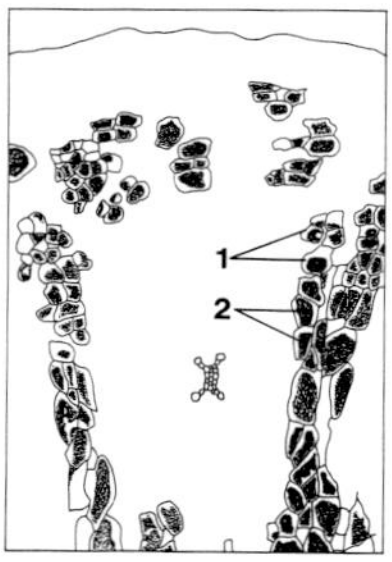

Abb. 13

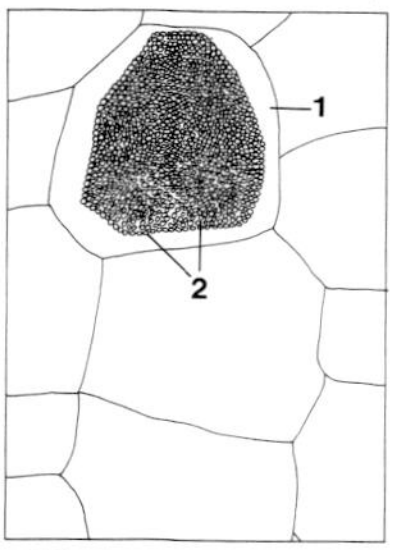

Abb. 14

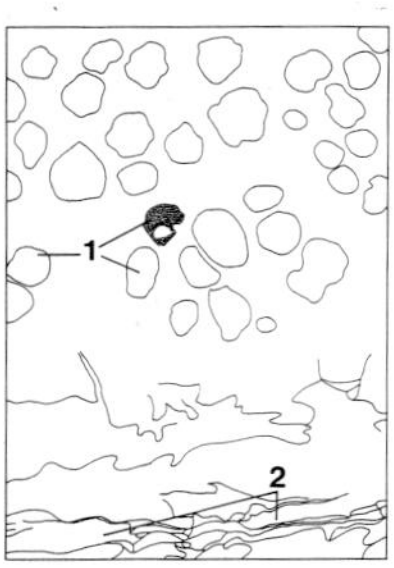

Abb. 15

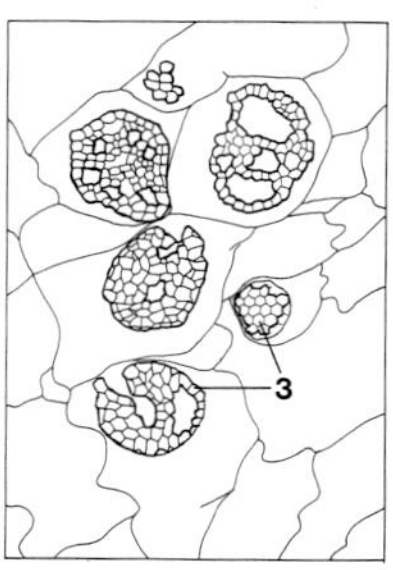

Abb. 16

Durch Pilze verursachte Erkrankungen an Kulturpflanzen

Bei den Pilzen handelt es sich um eine sehr artenreiche Gruppe von Organismen, von denen ein beträchtlicher Teil saprophytisch oder parasitisch auf Pflanzen lebt. Nach dem Bau ihres Vegetationskörpers lassen sich die Pilze in zwei Stämme einteilen: die *Myxomycota* (Schleimpilze) und die *Eumycota* (Echte Pilze). Die Einteilungskriterien sind für die Schleimpilze das Vorkommen eines Plasmodiums oder Pseudoplasmodiums; bei den *Eumycota* liegen statt dessen in der vegetativen Phase Hyphen vor. Die Pilze sind chlorophyllfreie, heterotrophe Organismen mit einem oder mehreren echten Zellkernen, jedoch ohne Leitgefäße. Hauptbestandteil der Zellwand ist Chitin. Nur bei den Oomycetes finden wir Cellulose. Daneben treten Hemicellulose, Hexosane, einfache Kohlenhydrate, Proteine und Pigmente auf. Als Reservestoffe kommen Glykogen, Volutin und Lipide im Cytoplasma vor.

Myxomycota

Die *Myxomycota* besitzen kein Mycel, sondern einen amöboiden Vegetationskörper (Plasmodium). Nur die zur Klasse der *Plasmodiophoromycetes* (Ordnung *Plasmodiophorales*) gehörenden Vertreter sind obligate, endoparasitisch lebende Krankheitserreger. Sie weisen eine übereinstimmende Biologie auf: Aus dem zerfallenden Pflanzengewebe gelangen die kleinen Dauersporen (Abb. 14, 16) in den Boden und entlassen unter günstigen Bedingungen Zoosporen mit zwei ungleich langen Peitschengeißeln. Diese primären Zoosporen schwimmen in einem Wasserfilm zu den Wurzelhaaren der Wirtspflanzen, heften sich dort an, ziehen ihre Geißeln ein und encystieren. Der Inhalt der Zoosporen dringt als kleine Amöbe in die Wirtszelle ein. Dort kommt es zu Kernteilungen und zur Bildung primärer Plasmodien, aus denen dünnwandige Zoosporangien mit Zoosporen entstehen. Das Verhalten dieser Zoosporen ist noch nicht in allen Einzelheiten geklärt. Sie können direkt neue Zellen infizieren oder paarweise fusionieren und in die Pflanzen eindringen. Es kommt dann zur Ausbildung eines sekundären Plasmodiums und nach weiteren Kernteilungen entstehen Dauersporen (Abb. 13, 15).

Eine Bekämpfung der Myxomycota ist nur durch vorbeugende Maßnahmen möglich. Hierzu zählen eine geeignete Fruchtfolge, ein pH-Wert des Bodens im schwach alkalischen Bereich sowie die Resistenzzüchtung.

Weitere phytopathologisch wichtige *Myxomycota:*
Polymyxa graminis und *P. betae* (Überträger des Gelbmosaik-Virus an Gerste bzw. des Adernvergilbungs-Virus, Rizomania, an Beta-Rübe).

Abb. 13, 14: *Plasmodiophora brassicae* an Kohl, Raps und anderen Cruciferen (Kohlhernie). Abb. 13, Pianese, Vergrößerung × 45; Abb. 14, Pianese, Vergrößerung × 450. Querschnitte durch die knollenartig verdickten Wurzeln der Wirtspflanzen zeigen zahlreiche infizierte Zellen (1) mit vielen kleinen rundlichen Dauersporen (2).

Abb. 15, 16: *Spongospora subterranea* an Kartoffelknollen (Pulverschorf). Abb. 15, Hämatoxylin, Vergrößerung × 180; Abb. 16, Hämatoxylin, Vergrößerung × 450. Schorfpusteln auf der Knolle reißen auf und setzen braune Sporenballen frei. Querschnitte durch die Pusteln zeigen zahlreiche Sporenballen (1), diese bestehen aus vielen einzelnen, wabenförmig zusammengesetzten Dauersporen (3). Unterhalb der Befallstellen ist im gesunden Teil meristematisches Gewebe zu erkennen (2).

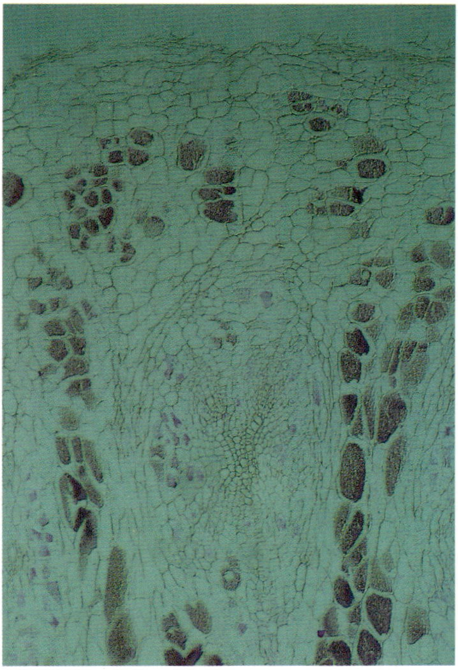

Abb. 13

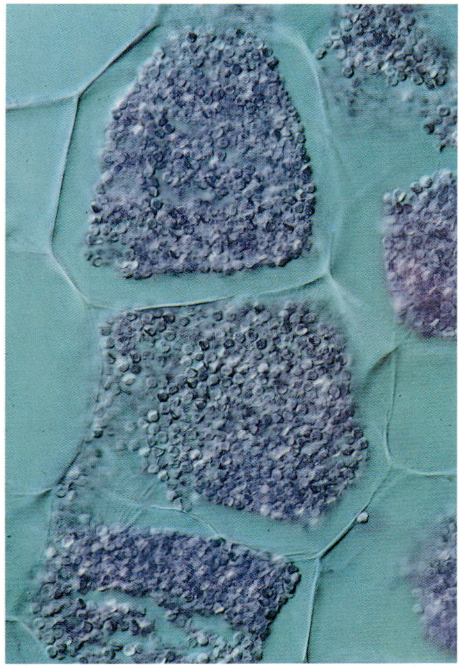

Abb. 14

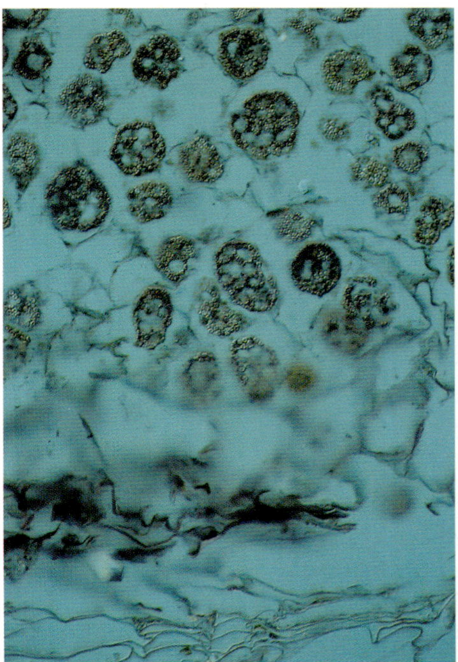

Abb. 15

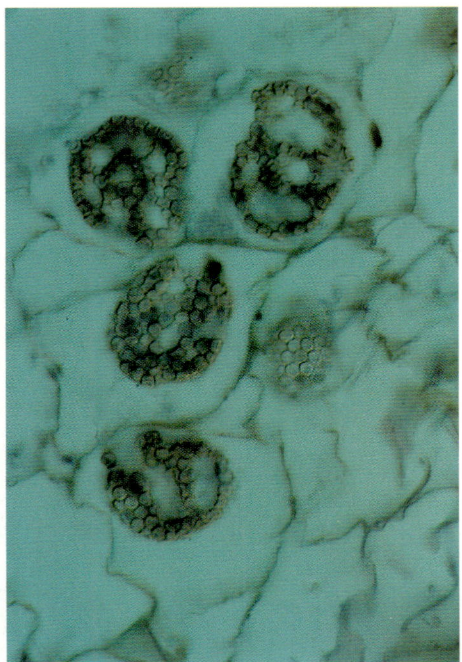

Abb. 16

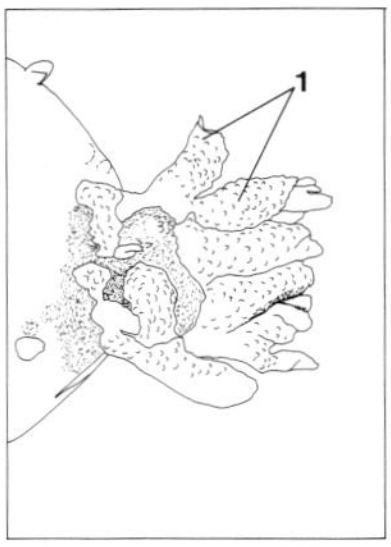

Abb. 17

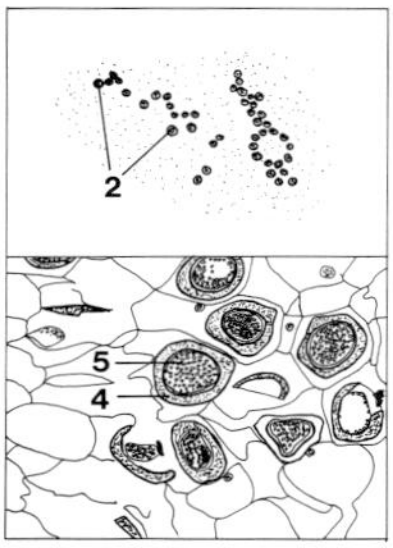

Abb. 18/19

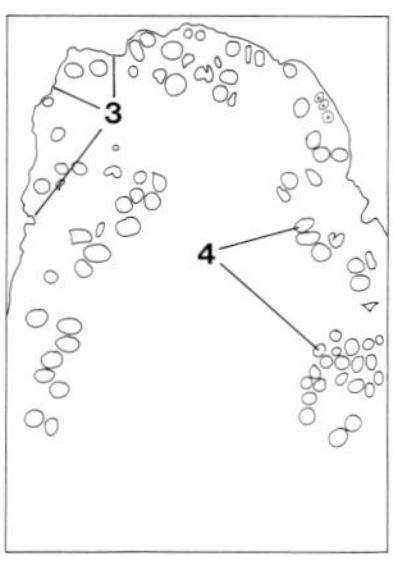

Abb. 20

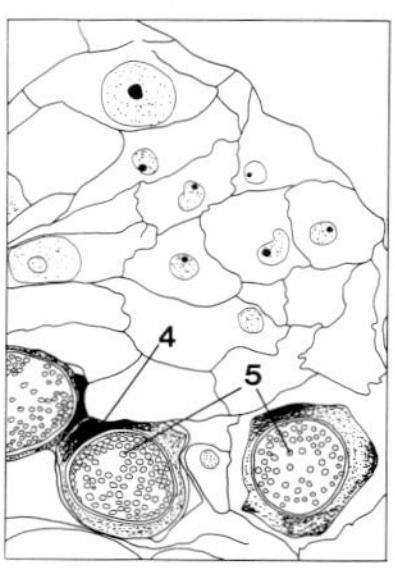

Abb. 21

Eumycota

Mit Ausnahme der zur Klasse der *Chytridiomycetes* (*Mastigomycotina*) gehörenden Pilze besitzen alle anderen *Eumycota* ein echtes Mycel als Vegetationskörper. Wir unterscheiden die folgenden Unterstämme: *Mastigomycotina, Ascomycotina, Basidiomycotina* und *Deuteromycotina.*

Mastigomycotina

Zu den *Mastigomycotina* zählen zwei Pilzklassen mit zahlreichen wirtschaftlich wichtigen phytopathogenen Formen: die *Chytridiomycetes* und *Oomycetes.* Übereinstimmendes Merkmal ist das Vorkommen von Zoosporen (Planosporen). Die Vertreter beider Klassen unterscheiden sich in der Art der Begeißelung. Die *Chytridiomycetes* besitzen Zoosporen mit nur einer Geißel (Peitschengeißel), die *Oomycetes* zwei Geißeln (Peitschen- und Flimmergeißel). Charakteristisch ist weiterhin, daß die Zellwand der *Oomycetes* nicht wie bei den Pilzen sonst üblich aus Chitin, sondern aus Zellulose besteht.

Chytridiomycetes: Die zu dieser Pilzklasse gehörenden Vertreter haben noch kein Mycel. Der Vegetationskörper ist vielmehr ein kugeliger oder zylindrischer Schlauch. Die Entwicklung dieser Pilze zeigt noch eine große Übereinstimmung mit den *Myxomycota.* Es entstehen Zoosporen, die sich schwimmend fortbewegen und auf der Oberfläche von Epidermiszellen festsetzen. Sie ziehen ihre Geißeln ein und das Plasma mit Kern durchdringt die Zellwand. Nach einer z. T. komplizierten weiteren Entwicklung wandelt sich der Pilzthallus in eine dickwandige Dauerspore (Abb. 18, 20) um, in der zahlreiche Zoosporen (Abb. 19, 21) entstehen. Die Dauersporen gelangen nach dem Zerfall des Pflanzengewebes in den Boden und sind dort mehrere Jahre lebensfähig.

Die phytopathologisch wichtigen *Chytridiomycetes* leben wie die *Myxomycota* im Boden und infizieren von dort aus die Pflanzen. Symptome treten daher nur an den unterirdischen Organen sowie am Wurzelhals und der Stengelbasis der Wirtspflanzen auf. Die *Chytridiomycetes* stimmen mit den *Myxomycota* weiterhin darin überein, daß die Ausbreitung und Weiterentwicklung an das Vorhandensein von Wasser gebunden ist.

Eine Bekämpfung der im Boden lebenden Pilze ist schwierig. Wichtige Maßnahmen sind der Einsatz resistenter Sorten (beim Kartoffelkrebs zwingend vorgeschrieben!) sowie eine Saatgutbehandlung mit Fungiziden zur Verhinderung der Umfallkrankheiten.

Eine Auswahl weiterer wirtschaftlich wichtiger pflanzenpathogener *Chytridiomycetes:*

Olpidium brassicae (Umfallkrankheit im Keimblatt- oder Jungpflanzenstadium zahlreicher Pflanzen, wie z. B. Kohl, Tomate, Salat).

Abb. 17, 18, 19, 20, 21: Synchytrium endobioticum an Kartoffelknollen (Kartoffelkrebs). Abb. 17, Makroaufnahme; Abb. 18, Makroaufnahme; Abb. 19, Direkttiefschwarz, Vergrößerung ×225; Abb. 20, Direkttiefschwarz, Vergrößerung ×56; Abb. 21, Direkttiefschwarz, Vergrößerung ×450. An den Knollen entstehen in Augennähe sowie an Stolonen und am Stengelgrund krebsartige Wucherungen (1). Bei schwacher Vergrößerung sind im Gewebe die Dauersporen des Pilzes zu sehen (2). Querschnitte durch die Wucherungen zeigen ein zerklüftetes Gewebe (3) mit dickwandigen Dauersporen (4). Bei starker Vergrößerung sind in den Dauersporen die Zoosporen deutlich zu erkennen (5).

Abb. 17

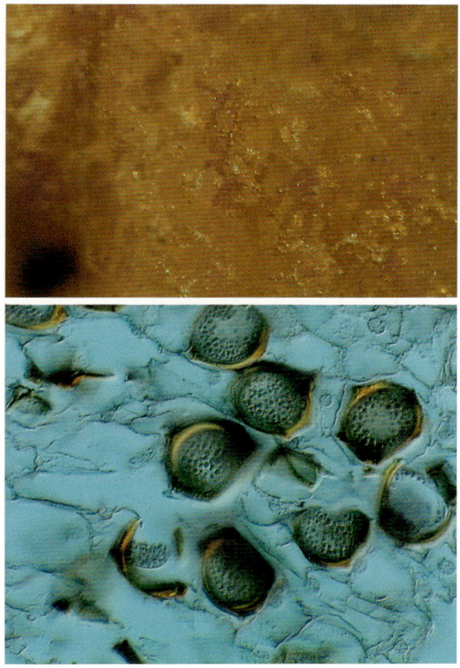

Abb. 18/19

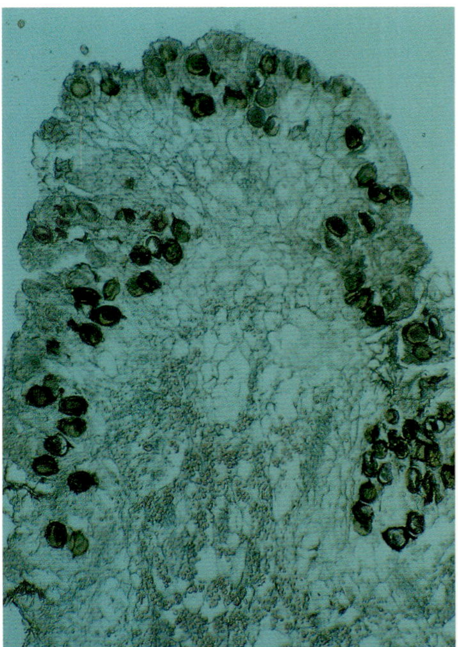

Abb. 20

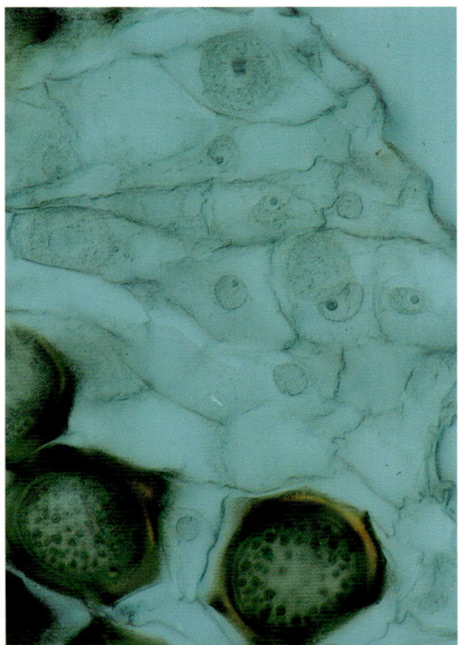

Abb. 21

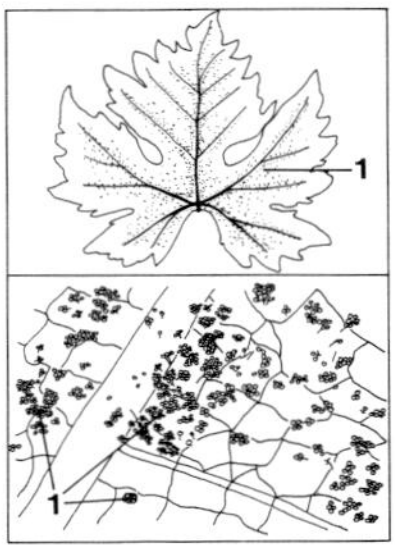

Abb. 22/23

Oomycetes: Die zu dieser Klasse gehörenden Pilze besitzen zellwandumgebene Hyphen, die unseptiert und vielkernig sind. Zu den *Oomycetes* zählen die Ordnungen *Saprolegniales* und *Peronosporales* mit zahlreichen wirtschaftlich wichtigen Krankheitserregern, wie z. B. den Falschen Mehltaupilzen.

Im Vergleich zu den *Chytridiomycetes* ist bei der ungeschlechtlichen Vermehrung der *Oomycetes* eine zunehmende Anpassung an das Landleben durch Rückbildung der mobilen Zellen (Zoosporen) zu beobachten. Bei den höher entwickelten Formen werden anstelle der Zoosporen Konidien gebildet, die an Konidienträgern inseriert in den Luftraum ragen (Abb. 24) und durch den Wind weiterverbreitet werden. Für die einzelnen Gruppen unter den *Oomycetes* ergibt sich dabei die folgende Entwicklungsreihe:

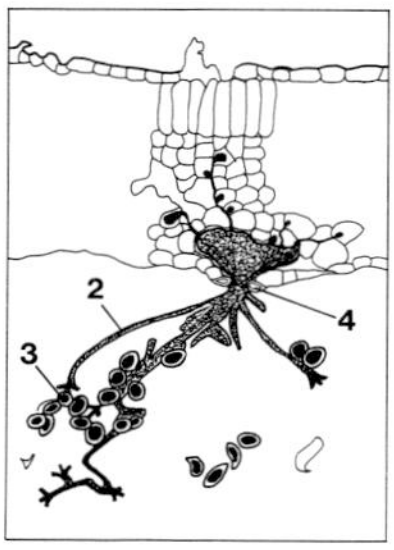

Abb. 24

- Die zu den *Saprolegniales* gehörenden phytopathologisch bedeutsamen Vertreter, wie z. B. *Aphanomyces laevis* und *A. raphani,* befallen die Pflanzen vom Boden aus; sie bilden Zoosporangien und Zoosporen. Für die Ausbreitung der Krankheitserreger ist, wie bei den *Myxomycota* und *Chytridiomycetes* (vgl. *Plasmodiophora brassicae* bzw. *Synchytrium endobioticum*), noch Wasser erforderlich.
- Bei den *Peronosporales* kommt es zu einer Differenzierung des Mycels in Ernährungshyphen (Haustorien) und Fortpflanzungshyphen (Konidienträger), die über Spaltöffnungen in den Luftraum ragen und terminal Konidien abschnüren (Abb. 24, 25). Auf diese Weise entsteht der für die Falschen Mehltaupilze typische mehlartige Überzug auf der Unterseite der Blätter (Abb. 22, 23). Bei *Phytophthora infestans* und *Plasmopara viticola* sind diese Konidien noch Zoosporangien, die bei Vorhandensein von Wasser Zoosporen entlassen (Abb. 26).
- Bei den am höchsten entwickelten *Peronosporales,* wie z. B. *Bremia lactucae, Peronospora arborescens, Albugo candida* (Abb. 27, 29, 30) u. a., keimen die entsprechenden Konidien direkt mit einem Keimschlauch aus. Sie sind daher nicht nur morphologisch, sondern auch keimungsphysiologisch als echte Konidien zu bezeichnen, für deren Weiterentwicklung tropfbar flüssiges Wasser nicht mehr erforderlich ist.

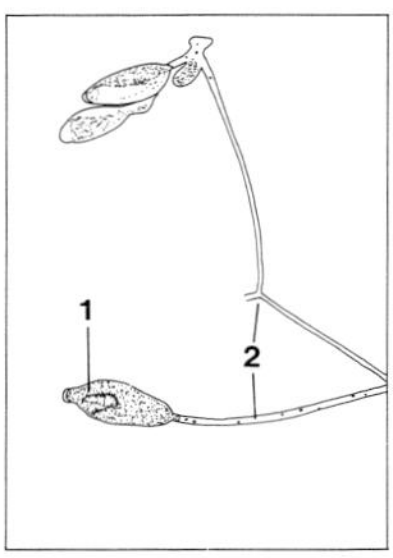

Abb. 25

Die auf ungeschlechtlichem Wege entstehenden Zoosporangien mit Zoosporen sowie die Konidien werden während der Vegetationsperiode in großer Zahl hervorgebracht und durch Wind und Wasser verbreitet. Die Mehrzahl der chemischen Bekämpfungsmaßnahmen richtet sich gegen dieses Entwicklungsstadium der Pilze (Verhinderung der Keimung bzw. Abtötung des Keimschlauches).

Für die geschlechtliche Fortpflanzung der *Oomycetes* ist charakteristisch, daß im Gegensatz zu den *Chytridiomycetes* die Ausbildung mobiler Geschlechtszellen unterbleibt. Vielmehr entstehen an den Hyphenenden Oogonien (Eizellen)

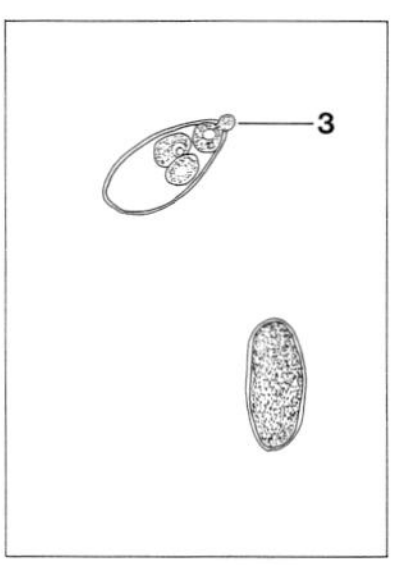

Abb. 26

Abb. 22, 23, 24: Plasmopara viticola an Weinrebe (Falscher Mehltau). Abb. 22, 23, Makroaufnahmen; Abb. 24, Direkttiefschwarz, Vergrößerung × 280. Mehlartiger Überzug auf der Unterseite der Blätter (1), bestehend aus den für die Falschen Mehltaupilze typischen Konidienträgern (2) und terminal inserierten Konidien (3), die, wie Querschnitte zeigen, aus den auf der Unterseite der Blätter befindlichen Spaltöffnungen herausragen (4).

Abb. 25, 26: Phytophthora infestans an Kartoffel (Kraut- und Knollenfäule). Abb. 25, Vergrößerung × 450; Abb. 26, Vergrößerung × 700. Konidienträger mit endständigen Konidien (1). Hierbei handelt es sich um Zoosporangien, die terminal über einen Porus begeißelte Sporen (Zoosporen) entlassen (3). Die Konidienträger von *Phytophthora infestans* sind im Gegensatz zu *Plasmopara viticola* nur einfach verzweigt (2).

Abb. 22/23

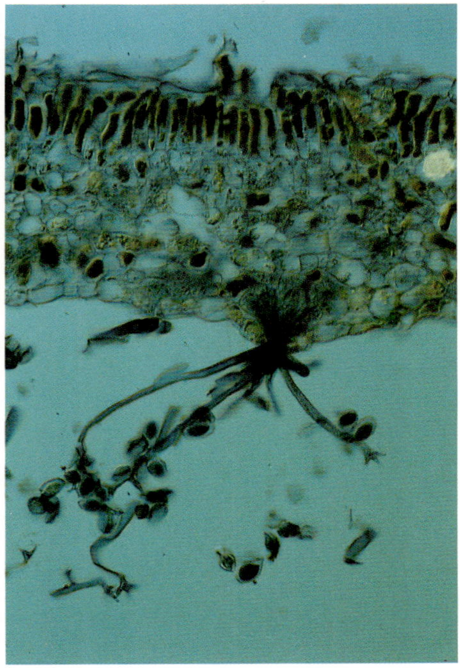

Abb. 24

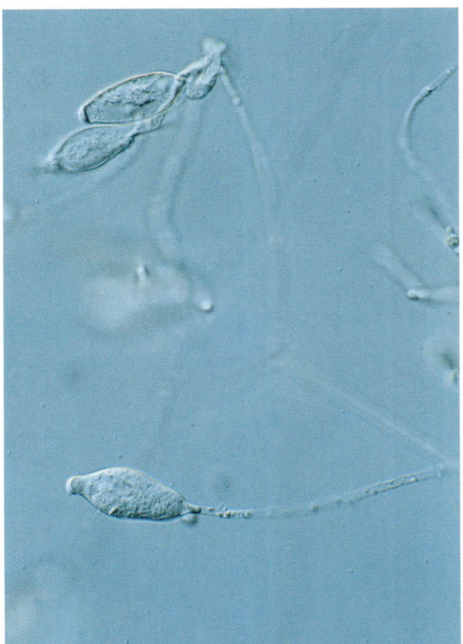

Abb. 25

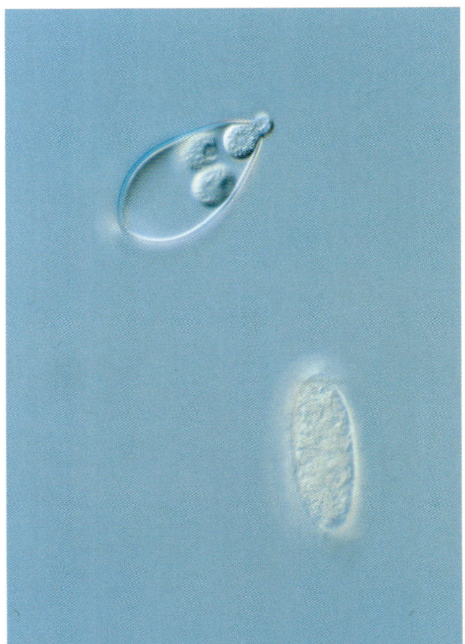

Abb. 26

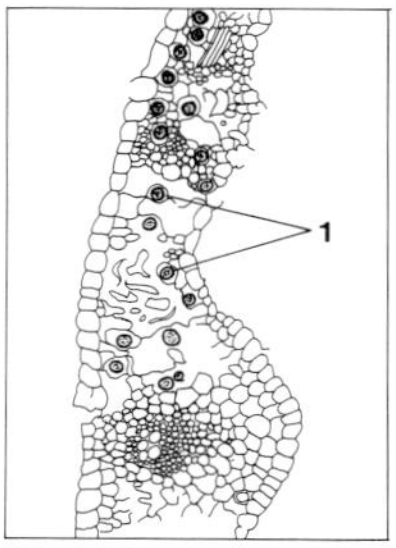

Abb. 27

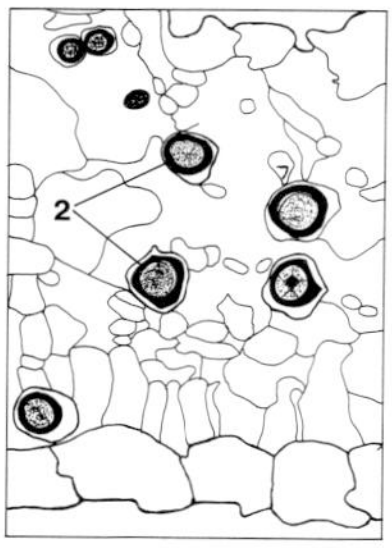

Abb. 28

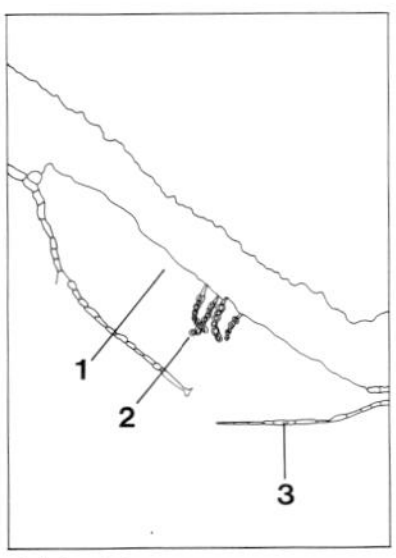

Abb. 29

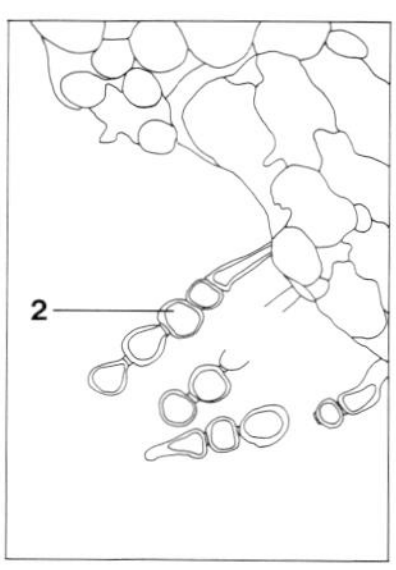

Abb. 30

und Antheridien (männliche Geschlechtszellen). Das kleinere Antheridium wächst auf das Oogonium zu und entläßt seine Kerne in die »Eizelle«. Nach der Kernverschmelzung und Reduktionsteilung entsteht eine dickwandige Oospore. Während die Sporen der ungeschlechtlichen Phase außerhalb der Pflanzen gebildet werden, erfolgt die Entwicklung der Oosporen im Wirtsgewebe (Abb. 27, 28). Die Oosporen der *Oomycetes* stellen wie die Dauersporen der *Chytridiomycetes* widerstandsfähige Überwinterungsformen dar, deren Bekämpfung schwierig ist.

Eine Abweichung vom Normaltypus unter den Falschen Mehltaupilzen zeigt *Albugo candida.* Bei diesem Krankheitserreger werden nicht wie bei dieser Pilzgruppe üblich verzweigte Konidienträger mit endständigen Konidien gebildet, sondern unter der Epidermis entstehen Konidienketten (Abb. 29, 30), deren ständige Neubildung an der Basis erfolgt. Durch den Druck der sich entwickelnden Konidienketten hebt sich die Epidermis ab und platzt schließlich auf (Abb. 29).

Zu den typischen Symptombildern gehören Absterbeerscheinungen an Wurzeln und am Wurzelhals (Fuß- und Umfallkrankheiten vor allem im Saatbeet), verursacht durch Pilze, die vom Boden aus die Pflanzen infizieren (*Aphanomyces-* und *Pythium-*Arten). Außerdem treten weißliche, mehlartige Überzüge auf der Blattunterseite auf, hervorgerufen durch die aus den Spaltöffnungen austretenden Konidienträger (Falsche Mehltaupilze).

Zur Bekämpfung der *Oomycetes* können angewendet werden:

- Vorbeugende Maßnahmen gegen alle Pilze, die vom Boden aus die Pflanzen befallen (z. B. *Aphanomyces, Pythium*), wie die Förderung der Jugendentwicklung, eine ausgewogene Düngung, kein Anbau der Kulturpflanzen auf zu feuchten Standorten.
- Physikalische Maßnahmen, wie das Einsammeln und Vernichten von Oosporen enthaltenden Blattrückständen, von denen im Frühjahr die Erstinfektionen ausgehen können.
- Protektive und systemische Fungizide gegen alle die Pilze, die in Anpassung an das Landleben ihre auf ungeschlechtlichem Wege entstehenden Konidien auf den Blättern der Pflanzen bilden (Falsche Mehltaupilze). Neben organischen Verbindungen sind gegen die Falschen Mehltaupilze auch Kupferpräparate wirksam.

Eine Auswahl weiterer wirtschaftlich wichtiger pflanzenpathogener *Oomycetes: Aphanomyces raphani* (Rettichschwärze an Rettich). *Aphanomyces laevis* und *Pythium debaryanum* (Wurzelbrand an Beta-Rübe). Falscher Mehltau: *Peronospora tabacina* (Blauschimmel an Tabak); *Pseudoperonospora humuli* (an Hopfen); *Bremia lactucae* (an Salat); *Peronospora schleideni* (an Zwiebel) u. a.; *Phytophthora cactorum* (Kragenfäule an Apfel und Birne).

Abb. 27, 28: *Peronospora arborescens* an Mohn (Falscher Mehltau). Abb. 27, Direkttiefschwarz, Vergrößerung × 56; Abb. 28, Hämatoxylin, Vergrößerung × 450. Blattquerschnitte mit Oosporen (1) im Gewebe, die mit einer dicken Wand (2) umgeben sind (Dauerspore).

Abb. 29, 30: *Albugo candida* an Kohl und anderen Cruciferen (Weißer Rost). Abb. 29, Direkttiefschwarz, Vergrößerung × 70; Abb. 30, Direkttiefschwarz, Vergrößerung × 450. Besonders häufig an Hirtentäschelkraut *(Capsella bursa-pastoris)* anzutreffen. Auf der Epidermis des Stengels entsteht ein weißlicher Überzug. Stengelquerschnitte zeigen die unter der Epidermis angelegten Konidienlager (1) und die für die Oomycetes atypischen Konidienketten (2) unterhalb der später aufreißenden Epidermis (3).

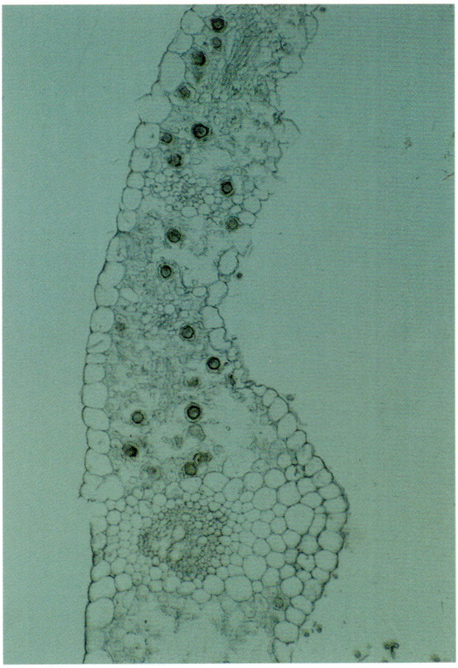

Abb. 27

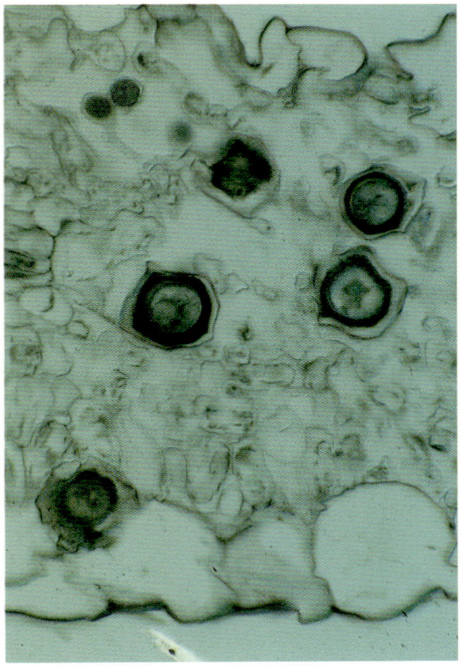

Abb. 28

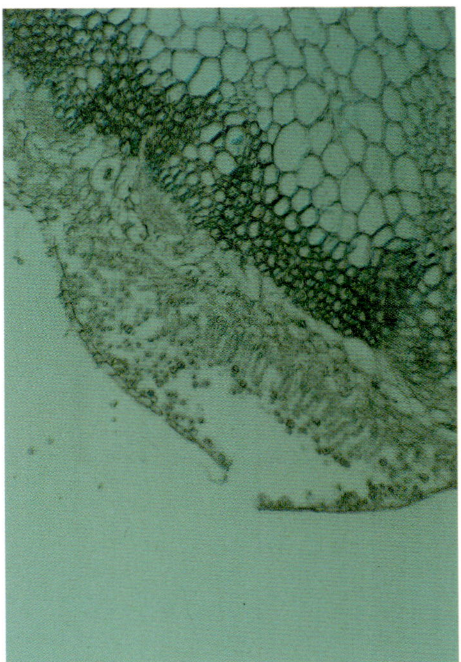

Abb. 29

Abb. 30

Zygomycotina

Die zu den *Zygomycotina* gehörenden Pilze besitzen wie die zuvor besprochene Gruppe unseptierte und vielkernige (coenocytische) Hyphen. Im Gegensatz zu den *Mastigomycotina* werden mobile Zellen (Zoosporen) nicht mehr ausgebildet.

Von den *Zygomycotina* ist nur die Klasse *Zygomycetes* mit den Ordnungen *Mucorales* und *Entomophthorales* phytopathologisch von Interesse. Zu den *Mucorales* zählt mit *Rhizopus nigricans* lediglich ein Krankheitserreger, der Fäulen, vor allem an Tomaten (Abb. 33), hervorrufen kann. Die überwiegende Mehrzahl der zu den *Mucorales* gehörenden Pilze sind Saprophyten; sie befinden sich bevorzugt im Boden auf organischem Material und fördern die Zersetzung von Pflanzenrückständen. Einige Vertreter, wie z. B. *Mucor mucedo,* besiedeln auch Nahrungsmittel, wie z. B. Brot, und besitzen daher eine Bedeutung in der Vorratshaltung.

Einige der zu den *Entomophthorales* zählenden Pilze parasitieren auf Insekten und sind daher als natürliche Begrenzungsfaktoren bei Pflanzen- und Hygieneschädlingen von Interesse. So kann z. B. *Entomophthora aphidis* verschiedene Blattlausarten und *E. muscae* Stubenfliegen befallen.

Die ungeschlechtliche Fortpflanzung erfolgt durch Sporen, die sich in kugeligen schwarzen Sporangien (Abb. 31, 34) befinden, die ihrerseits an Lufthyphen inseriert sind. Für die Sporangien ist das Vorkommen einer Columella (Abb. 32) typisch. Hierbei handelt es sich um einen ebenfalls kugelförmigen, aber sporenfreien Körper, der in das Sporangium hineinragt. Charakteristisch für die *Rhizopus*-Arten ist die Ausbildung von Rhizoiden, das sind »wurzelartige« Gebilde, mit denen der Pilz im Substrat verankert ist (Abb. 35).

Bei der geschlechtlichen Fortpflanzung wachsen zwei Kopulationshyphen aufeinander zu, gliedern Gametangien ab, die miteinander fusionieren (Isogamie). Nach Kernverschmelzung und Reduktionsteilung entsteht eine dickwandige Zygospore, die das Überdauerungsstadium dieser Pilze darstellt.

Eine Schädigung der Tomaten kann, da *Rhizopus nigricans* nur über Wunden eindringt, durch Verhinderung von Verletzungen an den Früchten vermieden werden. Eine Besiedlung von Vorratsgütern durch *Mucor mucedo* ist vor allem durch Kühllagerung und eine Reduzierung der Luftfeuchtigkeit zu vermeiden.

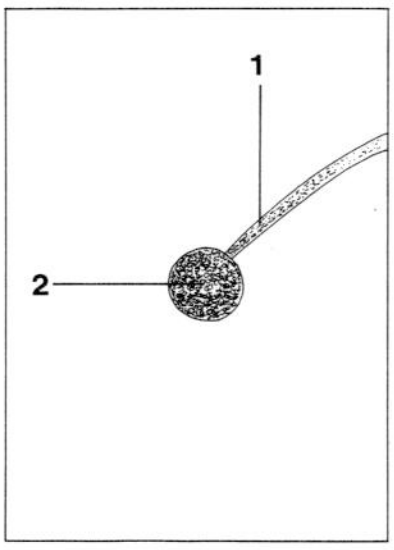

Abb. 31

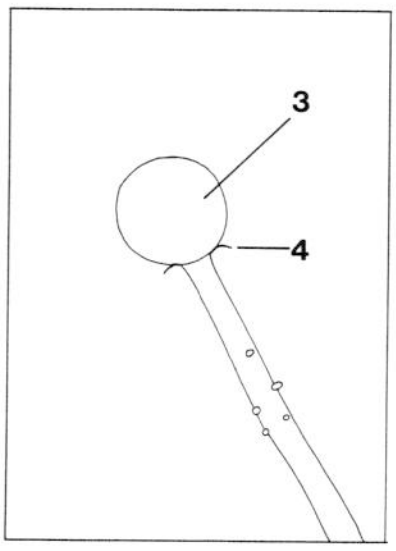

Abb. 32

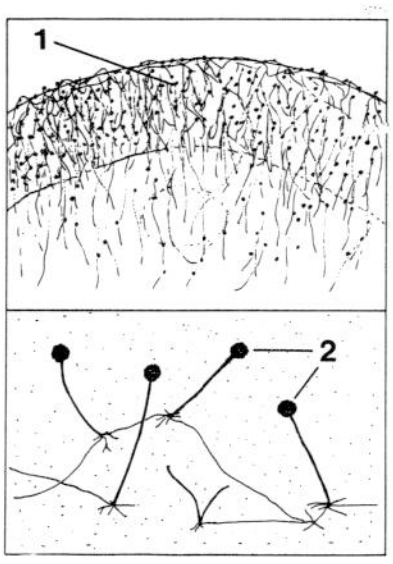

Abb. 33/34

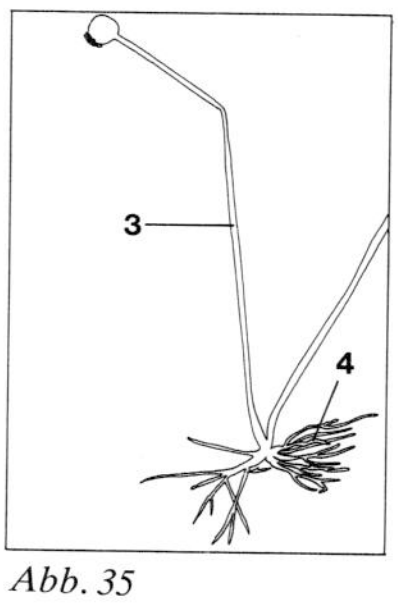

Abb. 35

Abb. 31, 32: *Mucor mucedo* auf Vorräten, wie Brot, Marmelade u. a. (Köpfchenschimmel). Abb. 31, Vergrößerung × 180; Abb. 32, Vergrößerung × 700. Der Pilz wächst bevorzugt auf feuchtem Substrat und bildet querwandlose Hyphen. Einzelne Hyphen werden zu Sporangienträgern (1). Diese schwellen an der Spitze an und gliedern jeweils ein Sporangium ab (2). Die köpfchenförmige Spitze des Sporangienträgers ragt in das Sporangium hinein und wird als Columella bezeichnet. Zwischen Columella und Sporangiumwand befinden sich die Sporen. Nach dem Aufreißen des Sporangiums wird die helle Columella sichtbar (3); Reste der Sporangienwand befinden sich als kragenförmiges Gebilde an der Basis des Sporangiums (4).

Abb. 33, 34, 35: *Rhizopus nigricans* an Tomaten (Tomaten-Naßfäule). Abb. 33, 34, Makroaufnahmen; Abb. 35, Vergrößerung × 45. Auf den verfaulten Früchten entwickelt sich ein Pilzrasen (1) mit zahlreichen schwarzen, *Mucor mucedo* vergleichbaren Sporangien (2), die aufplatzen und Sporen entlassen. Der Pilz bildet stolonartige Verzweigungen mit Sporangienträgern (3) und basalen »wurzelartigen« Rhizoiden (4).

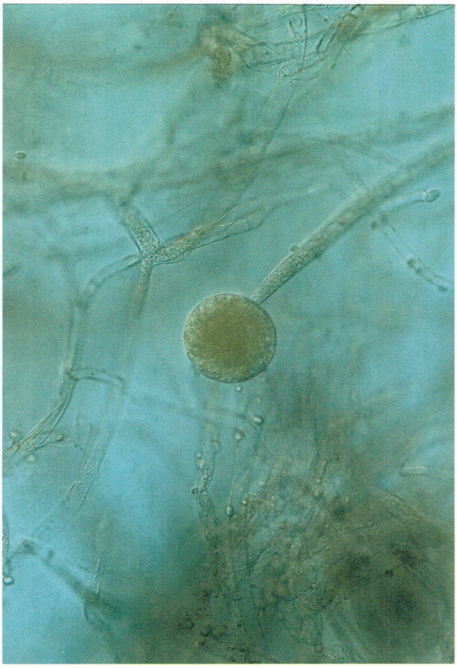

Abb. 31

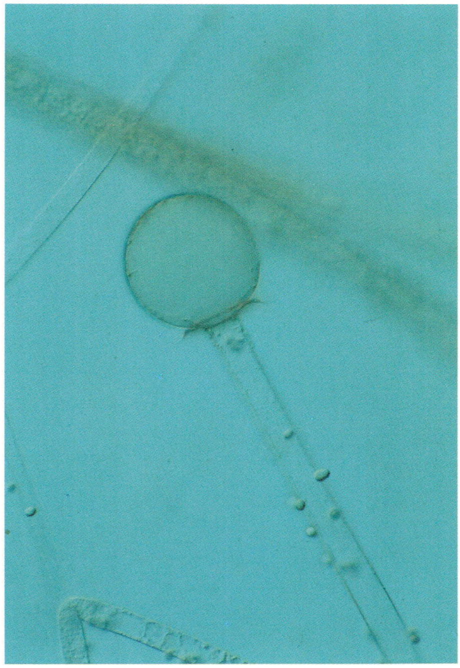

Abb. 32

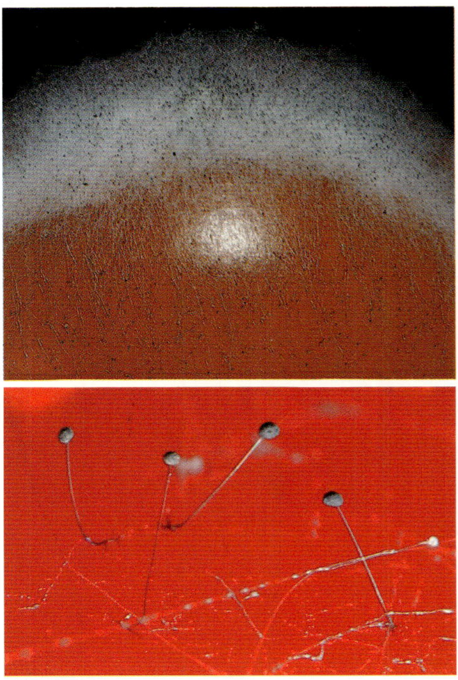

Abb. 33/34

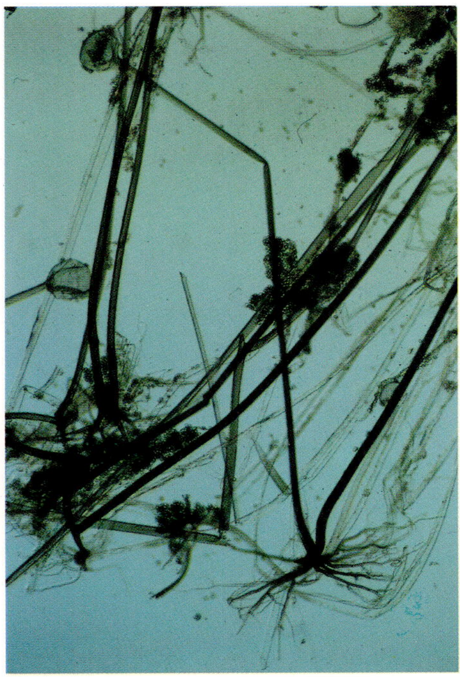

Abb. 35

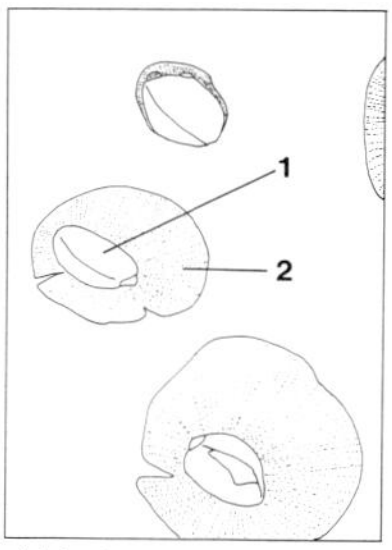

Abb. 36

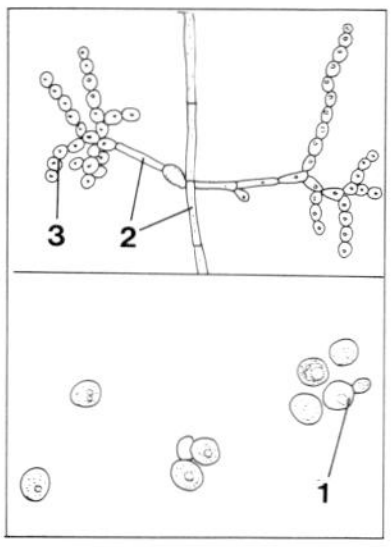

Abb. 37/38

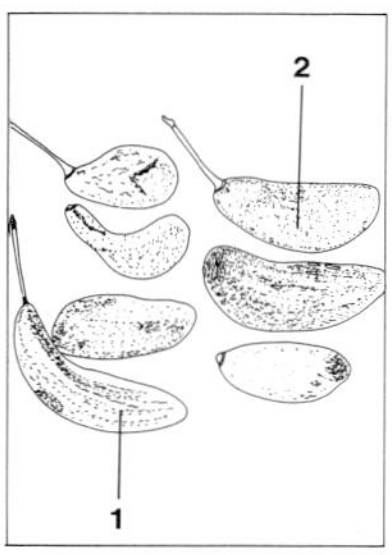

Abb. 39

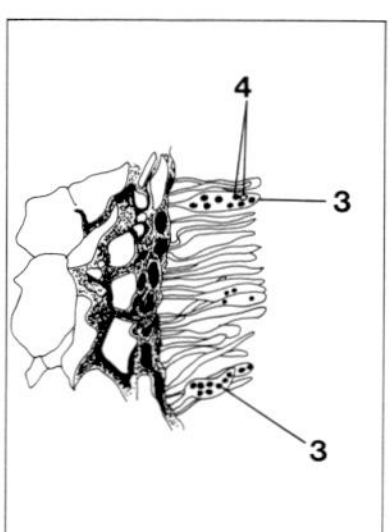

Abb. 40

Ascomycotina

Die zu den *Ascomycotina* gehörenden Pilze besitzen septierte Hyphen. Die geschlechtliche Vermehrung erfolgt durch Ascosporen, die endogen in einem in der Regel schlauchförmigen Gebilde, dem Ascus, entstehen. Chitin ist bei allen *Ascomycotina* der Hauptbestandteil der Zellwände. Es handelt sich um die artenreichste Gruppe innerhalb des Pilzsystems.

Die Hauptkriterien für die systematische Gliederung sind:

- Das Vorhandensein und der Bau der Fruchtkörper (Ascokarpien), in denen die Asci entstehen.
- Der Aufbau der Ascuswand. Hierbei unterscheidet man den unitunicaten Typ (Ascuswand besteht aus nur einer Schicht) und den bitunicaten Typ (mit zwei getrennten Wandschichten).
- Form, Farbe und Größe der Ascosporen; sie dienen vor allem als Kriterien zur Unterscheidung von Gattungen und Arten.

Die außerordentliche Vielfalt innerhalb der *Ascomycotina* erschwert eine allgemein akzeptierte Klassifizierung. Die nachstehende Einteilung folgt im wesentlichen der in der Phytopathologie anerkannten Darstellung von Ainsworth et al. (1971). Danach ist das Hauptkriterium für die Unterscheidung der einzelnen Klassen das Vorhandensein von Ascokarpien. Pilze, bei denen keine Ascokarpien entstehen, werden der Klasse *Hemiascomycetes* zugeordnet. Die zu den anderen Klassen gehörenden Vertreter bilden alle Ascokarpien: die *Plectomycetes* Kleistothecien, die *Pyrenomycetes* Perithecien, die *Loculoascomycetes* Pseudothecien und die *Discomycetes* Apothecien.

Hemiascomycetes: Bei den *Hemiascomycetes* stehen die Asci frei auf der Pflanzenoberfläche (Abb. 40). Wichtige pflanzenpathogene Pilze sind die zur Ordnung *Taphrinales* gehörenden Arten.

Zu den *Hemiascomycetes* zählen auch die wirtschaftlich wichtigen Hefepilze (*Endomycetales*). Unter ihnen besitzen die *Saccharomycetaceae* (echte Hefen) kein Mycel, sondern vermehren sich durch Sprossung (Abb. 38), während die Vertreter der *Endomycetaceae* neben Sproßzellen auch Mycel bilden können. Zur letztgenannten Familie gehört *Hyphopichia burtonii* (Abb. 37), ein Pilz, der häufig auf luftdicht gelagerten Gerstenkörnern (Abb. 36) vorkommt und bei der Vorratshaltung erhebliche Verluste verursachen kann. Die Bekämpfung der pflanzenschädlichen *Taphrina*-Arten erfolgt durch Anwendung von Fungiziden.

Eine Auswahl weiterer wirtschaftlich wichtiger pflanzenpathogener *Hemiascomycotina:*
Taphrina deformans (Kräuselkrankheit an Pfirsich); *Taphrina cerasi* (Hexenbesen an Kirsche).

Abb. 36, 37: *Hyphopichia burtonii* an Gerste. Abb. 36, Makroaufnahme; Abb. 37, Vergrößerung ×450. Karyopsen mit mycelbildender Hefe (1, 2). Der Pilz tritt besonders stark auf luftdicht gelagertem Getreide auf und bildet dort Pseudomycel (2) und Sproßzellen aus (3).

Abb. 38: *Saccharomyces cerevisia* (Bäckerhefe). Vergrößerung ×700. Sprossende Hefezellen (1).

Abb. 39, 40: *Taphrina pruni* an Pflaume und Zwetsche (Narren- oder Taschenkrankheit). Abb. 39, Makroaufnahme; Abb. 40, Direkttiefschwarz, Vergrößerung ×280. Die durch *T. pruni* befallenen Früchte sind flach, etwas gekrümmt (»schotenförmig, taschenförmig«) (1), steinlos und von einem zarten weißlichen Flaum überzogen (2). Fruchtquerschnitte zeigen auf der Oberfläche Asci mit Ascosporen (3), aus denen durch Sprossung hefeartige Blastosporen hervorgehen (4).

Abb. 36

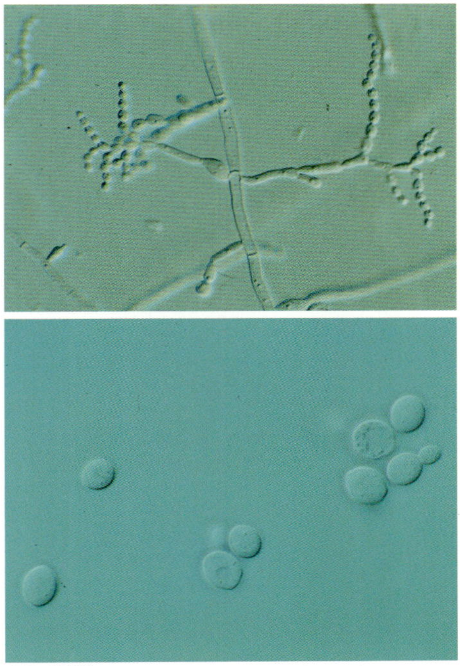

Abb. 37/38

Abb. 39

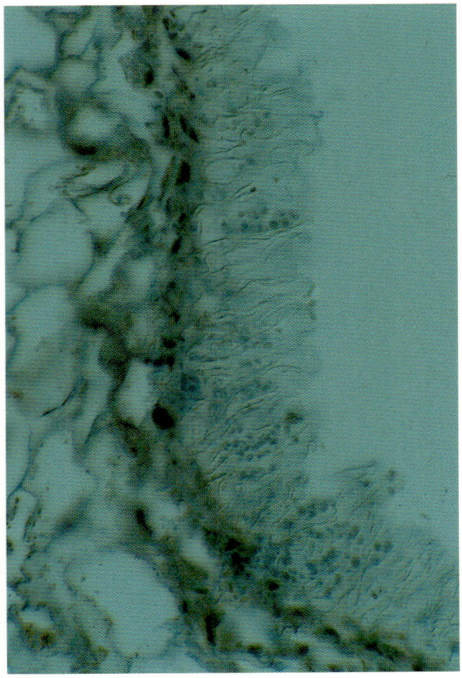

Abb. 40

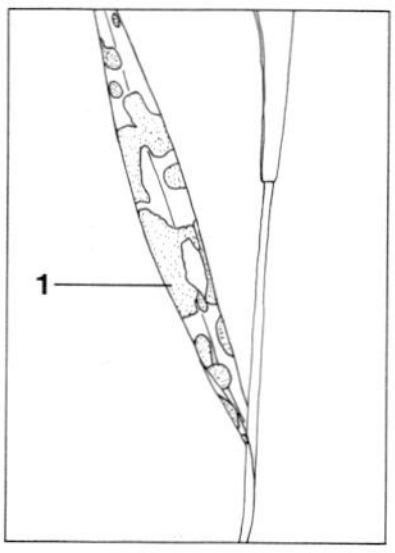

Abb. 41

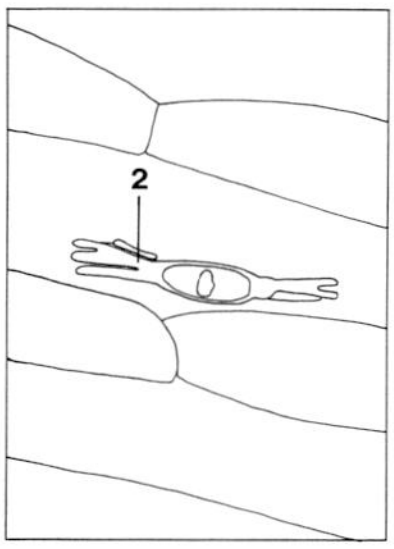

Abb. 42

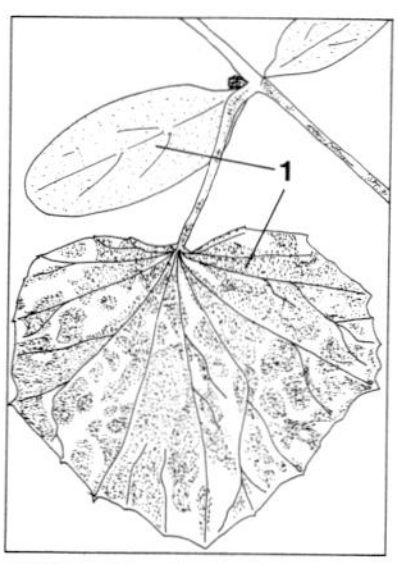

Abb. 43

Plectomycetes: Charakteristisch für die Entwicklung der fruchtkörperbildenden *Ascomycotina* ist, daß eigenbewegliche Verbreitungsorgane bei der ungeschlechtlichen Vermehrung durch eine vollkommene Anpassung an das Landleben nicht mehr vorhanden sind. Es werden nur noch Konidien abgeschnürt, die im Laufe des Sommers in großen Mengen auf sehr unterschiedlich ausgebildeten Konidienträgern entstehen. Diese befinden sich frei auf der Pflanzenoberfläche oder sind in besonderen Lagern (Acervuli, Pyknidien) untergebracht.

Die geschlechtliche Vermehrung beginnt in der Regel gegen Ende der Vegetationsperiode. Hierbei entstehen an besonderen Hyphen die Antheridien (männliche Geschlechtszellen) und Ascogonien (weibliche Geschlechtszellen). Über eine Empfängnishyphe (Trichogyne) gelangen die männlichen Kerne aus dem Antheridium in das Ascogon, an dem sich anschließend ascogene Hyphen bilden, deren Zellen jeweils einen männlichen und einen weiblichen Kern enthalten (Dikaryophase). Aus den Endzellen dieser Hyphen entwickeln sich, nach einer für die *Ascomycotina* typischen Hakenbildung, die Ascusmutterzellen, in denen die Karyogamie mit anschließender Reduktionsteilung (Meiose) stattfindet. Nach weiteren Teilungen entstehen 8 haploide Ascosporen.

Für die *Plectomycetes* ist die Bildung von Kleistothecien, das sind geschlossene, kugelige Ascokarpien, die keine natürliche Öffnung (Ostiole) besitzen, charakteristisch (Abb. 46, 47). Zwei wichtige Ordnungen dieser Klasse sind die *Erysiphales* und die *Eurotiales*. Von besonderem phytopathologischen Interesse sind die *Erysiphales* (Echte Mehltaupilze) als obligat biotrophe Parasiten auf zahlreichen Kulturpflanzen. Einige Vertreter unter den *Erysiphales* sind gefährliche Krankheitserreger. So treten, um nur zwei Beispiele zu erwähnen, *Uncinula necator* an der Weinrebe und *Erysiphe graminis* am Getreide jedes Jahr in großem Umfang auf. In diesen Kulturen würde es durch diese Pilze ohne einen massiven Einsatz von Fungiziden zu starken, wirtschaftlich nicht tragbaren Ernteausfällen kommen.

Bei den Echten Mehltaupilzen handelt es sich um Ektoparasiten. Das Mycel befindet sich auf der Pflanzenoberfläche (Abb. 45) und sendet nur Haustorien in die obersten Zellschichten. Durch die sehr zahlreichen, in langen Ketten angeordneten Konidien entsteht auf den infizierten Pflanzenteilen ein mehlartiger Überzug (Abb. 41, 43). Im Gegensatz zu den Echten Mehltaupilzen kommt das Symptom der Falschen Mehltaupilze dadurch zustande, daß die an verzweigten Konidienträgern inserierten Konidien aus den Spaltöffnungen (Endoparasit) auf der Unterseite der Blätter in den Luftraum ragen (s. Abb. 22, 23, 24).

Die Entwicklung der einzelnen *Erysiphales* weist große Übereinstimmungen auf: die bevorzugt auf den Blättern während der Vegetationsperiode auf ungeschlechtlichem Wege in langen Ketten abgeschnürten Konidien (Abb. 44)

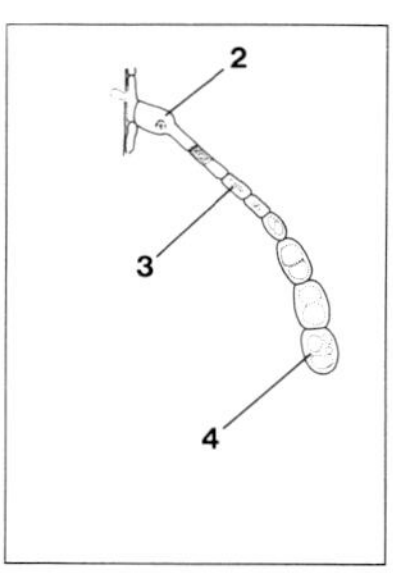

Abb. 44

Abb. 41, 42: *Erysiphe graminis* an Weizen (Echter Mehltau). Abb. 41, Makroaufnahme; Abb. 42, Vergrößerung × 450. Mehlartiger Überzug auf den Blättern und Blattscheiden der Getreidepflanze (1). Der weißliche Überzug besteht aus Mycel und Konidienträgern mit Konidien. Nach deren Keimung und dem Eindringen der Keimschläuche in die Wirtszellen bildet der Pilz zur Nährstoffaufnahme in den Zellen lappenförmige Haustorien aus (2).

Abb. 43, 44: *Sphaerotheca fuliginea* an Gurke (Echter Mehltau). Abb. 43, Makroaufnahme; Abb. 44, Vergrößerung × 280. Auf der Oberseite der Blätter entsteht ein fast lückenloser weißlicher Mycelbelag (1). Werden die Blätter mit der Blattoberseite nach außen gefaltet, sind an der Knickstelle die Konidienketten sichtbar. Diese entstehen aus einer flaschenförmigen Mutterzelle (2), die sich verlängert und durch eine ständige Bildung von Querwänden eine Kette von Konidien abschnürt (3). Zur Spitze hin schwellen die Konidien an, werden tonnenförmig und vom Wind abgelöst (4).

Abb. 41

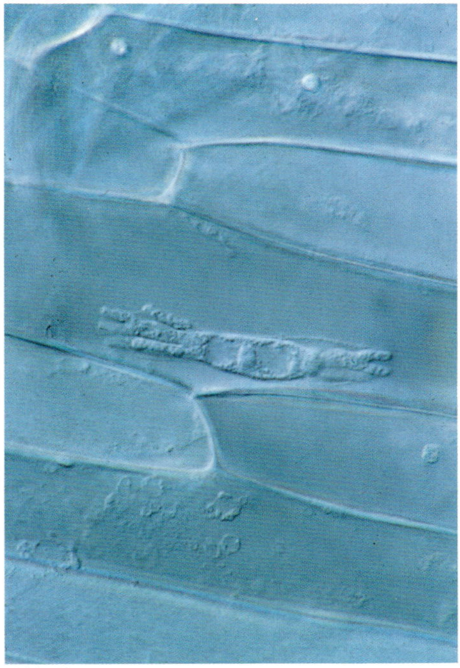
Abb. 42

Abb. 43

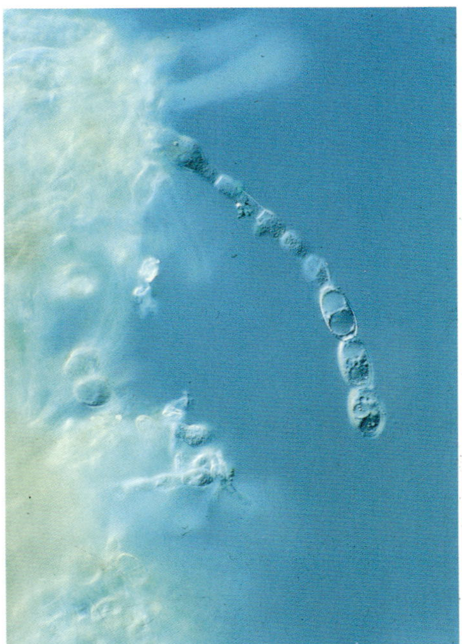
Abb. 44

werden mit dem Wind auf gesunde Pflanzen getragen und keimen dort selbst bei einer geringen relativen Luftfeuchtigkeit nach wenigen Tagen aus. Der Keimschlauch dringt in die Epidermiszellen ein und bildet dort Haustorien aus, die bei *Erysiphe graminis*, dem Echten Mehltau an Getreide, ein lappiges Aussehen besitzen (Abb. 42).

Gegen Ende der Vegetationsperiode entstehen, eingebettet im Mycel, die kugeligen Fruchtkörper (Kleistothecien), die sich deutlich vom weißen Mehltaubelag abheben (Abb. 45). Die Kleistothecien sind mit Appendices, die bei den einzelnen Arten sehr unterschiedlich aussehen, im Mycel verankert.

Die geschlechtliche Vermehrung wird während des Sommers eingeleitet durch die Bildung von Kleistothecien und Asci (Abb. 46, 47) mit jeweils 8 Ascosporen, die im Frühjahr die Erstinfektionen hervorrufen. Die Fruchtkörper gelangen im Herbst mit den Pflanzenrückständen auf und in den Boden und können dort den Winter überstehen.

Von den zur Ordnung *Eurotiales* gehörenden Pilzen haben die *Aspergillus*- und *Penicillium*-Arten eine große wirtschaftliche Bedeutung. Aus *Penicillium notatum, P. chrysogenum, P. griseo-fulvum* u. a. werden wichtige Antibiotika gewonnen; *P. roqueforti* u. a. spielen bei der Käseherstellung eine bedeutende Rolle. Zahlreiche Vertreter besiedeln Nahrungsmittel, auf denen sie Mycotoxine produzieren. Hierbei handelt es sich um hochgiftige und z. T. kanzerogene Stoffe, wie z. B. das von *Aspergillus flavus* synthetisierte Aflatoxin. Als pflanzenpathogene Organismen spielen sie hingegen nur eine untergeordnete Rolle. In unseren Breiten verursachen *Penicillium digitatum* und *P. italicum* die Weiß- und Grünfäule an Citrusfrüchten und *P. expansum* eine Grünfäule auf Äpfeln (Abb. 48) im Lager. Während für das imperfekte Stadium der *Erysiphales* kettenartig angeordnete Konidien, die an einfachen Trägern inseriert sind, charakteristisch sind (Abb. 44), entstehen die Konidien bei *Penicillium* und *Aspergillus* an langen und verzweigten (Abb. 50) bzw. köpfchenartigen Trägern.

Eine Auswahl weiterer wirtschaftlich wichtiger pflanzenpathogener *Plectomycetes*:

Podosphaera leucotricha (Echter Mehltau an Apfel). *Sphaerotheca mors uvae* (Echter Mehltau an Stachelbeere). *Uncinula necator* (Echter Mehltau an Weinrebe). *Erysiphe betae* (Echter Mehltau an Betarübe).

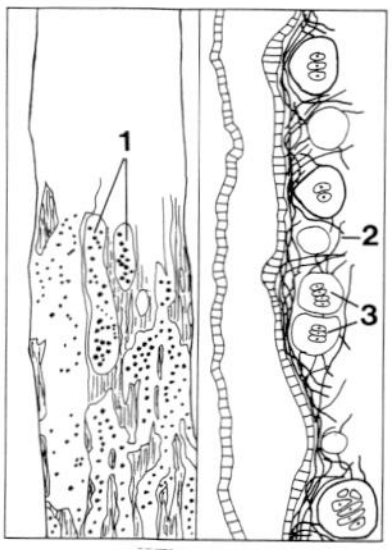

Abb. 45/46

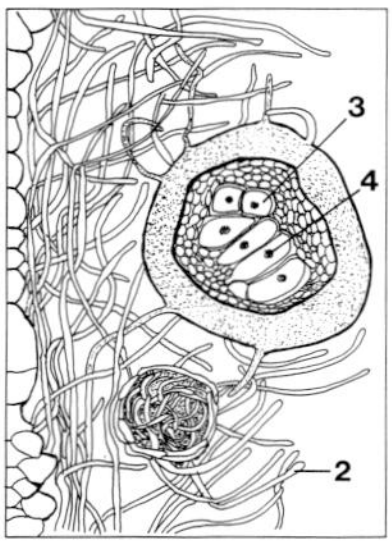

Abb. 47

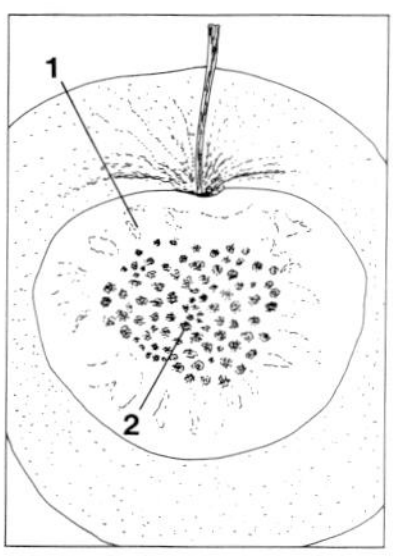

Abb. 48

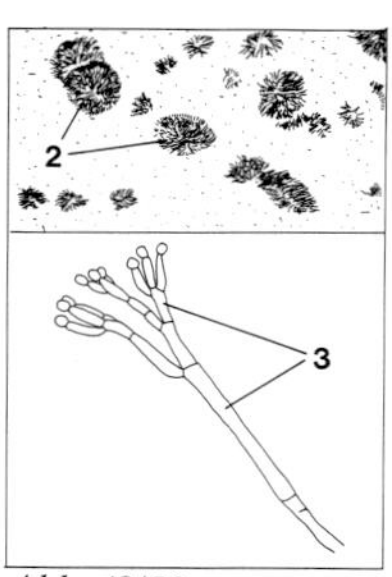

Abb. 49/50

Abb. 45, 46, 47: Erysiphe graminis an Getreide (Echter Mehltau). Abb. 45, Makroaufnahme; Abb. 46, Pianese, Vergrößerung × 45; Abb. 47, Pianese, Vergrößerung × 180. Getreideblatt mit weißlichem Mycel, darin eingebettet schwarze Kleistothecien (1). Blattquerschnitte zeigen auf der Blattoberfläche Mycel (Ektoparasit) (2) mit Kleistothecien, die mehrere Asci (3) mit jeweils einem Kern enthalten (4). Ascosporen haben sich noch nicht entwickelt.

Abb. 48, 49, 50: Penicillium expansum an Apfel (Grünfäule). Abb. 48, 49, Makroaufnahmen; Abb. 50, Vergrößerung × 450. Auf faulenden Früchten (1) entsteht ein bläulich-grüner Belag (2), der aus »pinselartigen« Konidienträgern mit kettenförmig angeordneten Konidien des Pilzes (»Pinselschimmel«) besteht (3).

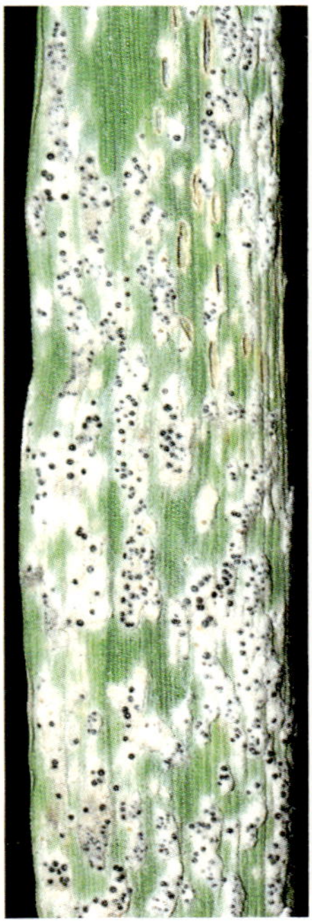
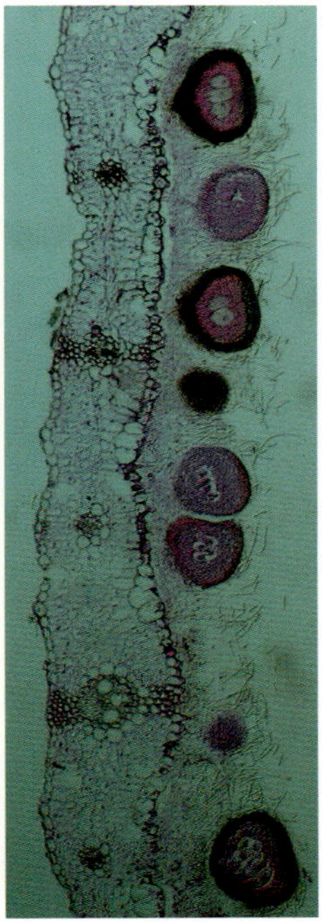

Abb. 45/46

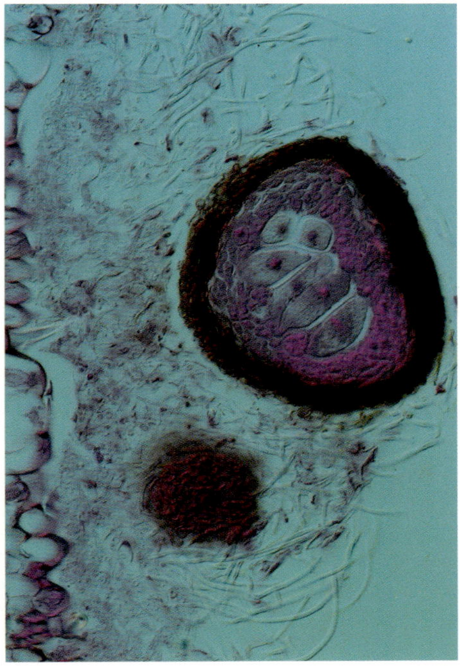

Abb. 47

Abb. 48

Abb. 49/50

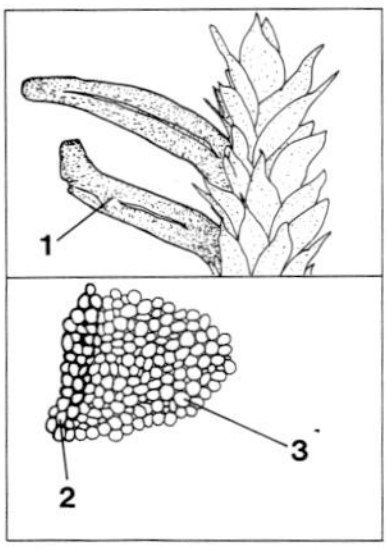

Abb. 51/52

Pyrenomycetes: Die Fruchtkörper (Ascokarpien) der *Pyrenomycetes* werden als Perithecien bezeichnet. Sie sind von einer Peridermwand umgeben und besitzen eine Öffnung (Ostiole); die Ascuswand ist unitunicat. Zur Klasse der *Pyrenomycetes* gehören drei Ordnungen mit wichtigen phytopathogenen Formen: die *Hypocreales, Clavicipitales* und *Sphaeriales.* Die geschlechtliche Entwicklung dieser Pilze ist weitgehend identisch mit der Entwicklung der *Plectomycetes.* Die bei den einzelnen Arten vorkommenden Konidienstadien sind vielgestaltig in Form und Farbe.

Als besondere Hyphenbildungen können Sklerotien auftreten. Hierbei handelt es sich um Dauerorgane, die bei ungünstigen Bedingungen überleben können. Bekanntestes Beispiel ist *Claviceps purpurea* (*Clavicipitales*), der Erreger des Mutterkornes. Der Pilz bildet an Getreide und anderen Gräsern in der Ähre statt der Karyopsen große Sklerotien (Abb. 51) aus, die giftige Alkaloide enthalten (Ergotismus). Die Perithecien dieses Pilzes entstehen in kleinen, auf kurzen Stielchen inserierten Köpfchen, die auf den Sklerotien wachsen.

Zu den *Clavicipitales* gehört auch *Epichloe typhina,* der den Erstickungsschimmel an Gräsern verursacht. Typisches Symptom ist ein aus Mycel bestehendes weißliches Pilzstroma auf der obersten Blattscheide und dem obersten Internodium, in das die Perithecien eingesenkt sind. Diese enthalten zahlreiche langgezogene Asci mit jeweils acht fadenförmigen Ascosporen (Abb. 53).

Zur Ordnung *Hypocreales* zählt als wichtiger Vertreter *Calonectria nivalis,* der Erreger des Schneeschimmels an Roggen und Weizen. Typische Symptome eines Schneeschimmelbefalls sind korkenzieherartig gekrümmte Keimlinge, die an der Basis mit einem watteähnlichen, weißlichen Mycel umgeben sind. Der Pilz ist an tiefe Temperaturen angepaßt und breitet sich auch unter der Schneedecke weiter aus. Außerdem entstehen bei Lagergetreide auf den Spelzen lachsrote Konidienlager (Abb. 54).

Eine Auswahl weiterer wirtschaftlich wichtiger pflanzenpathogener *Pyrenomycetes:*

Nectria galligena (Obstbaumkrebs an Apfel und Birne; Konidienform: *Cylindrocarpon mali*). *Gaeumannomyces graminis* (Schwarzbeinigkeit an Roggen, Weizen, Gerste und zahlreichen Gräsern). *Valsa leucostoma* (Triebsterben an Kirsche).

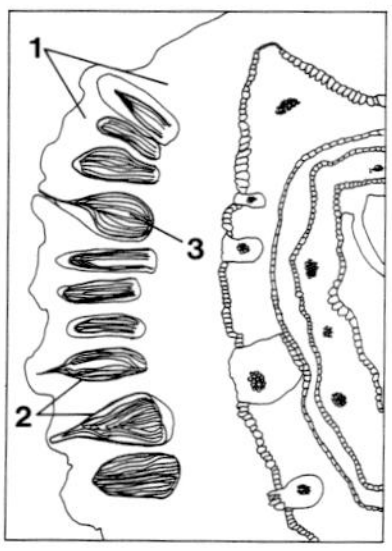

Abb. 53

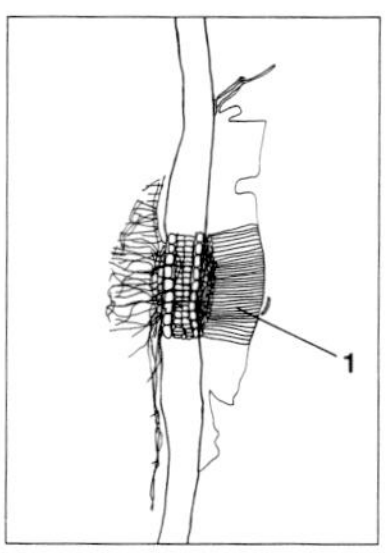

Abb. 54

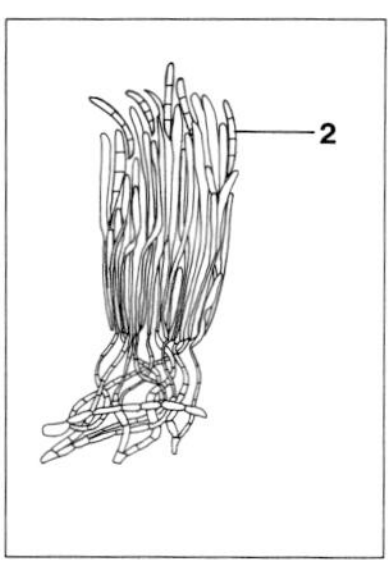

Abb. 55

Abb. 51, 52: *Claviceps purpurea* an Roggen und anderen Gräsern (Mutterkorn). Abb. 51, Makroaufnahme; Abb. 52, Hämatoxylin, Vergrößerung × 450. Statt der Karyopsen werden hornartige, dunkelgefärbte Sklerotien in den Ähren gebildet (1). Querschnitte durch die Sklerotien zeigen eine aus mehreren Zellschichten bestehende dunkelgefärbte Rinde (2), darunter ein kompaktes pseudoparenchymatisches Gewebe (3).

Abb. 53: *Epichloe typhina* an Weidegräsern, insbesondere *Dactylis glomerata* und *Phleum pratense* (Erstickungsschimmel). Hämatoxylin, Vergrößerung × 70. Querschnitte durch einen infizierten Stengel zeigen in ein Pilzstroma (1) eingebettete Perithecien (2) mit länglichen Asci (3), die jeweils acht fadenförmige Ascosporen enthalten.

Abb. 54, 55: *Calonectria nivalis* an Roggen und Weizen; Konidienform *Fusarium nivale* (Schneeschimmel). Abb. 54, Pianese, Vergrößerung × 70; Abb. 55, Pianese, Vergrößerung × 560. Bei Lagergetreide werden auf den Spelzen lachsrote Konidienlager sichtbar. Spelzenquerschnitte zeigen frei auf der Oberfläche stehende Konidienlager (1) mit sichelförmigen Konidien (2).

Abb. 51/52

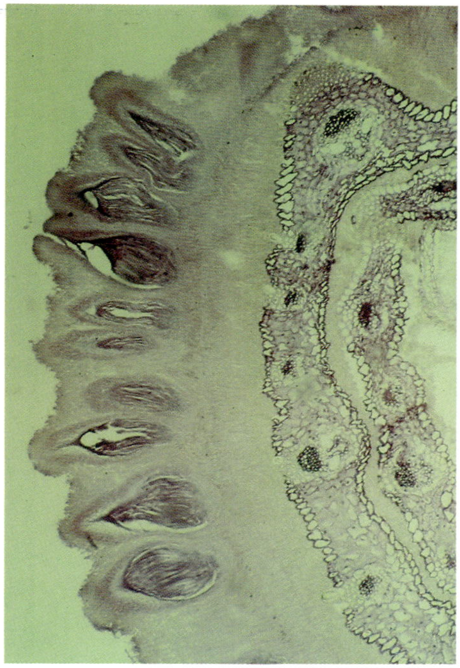

Abb. 53

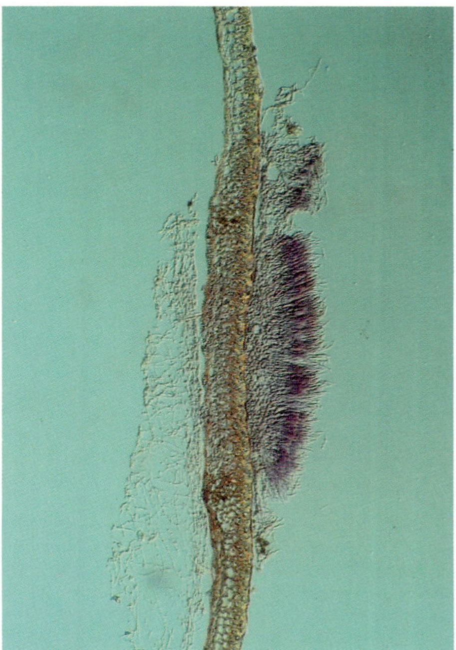

Abb. 54

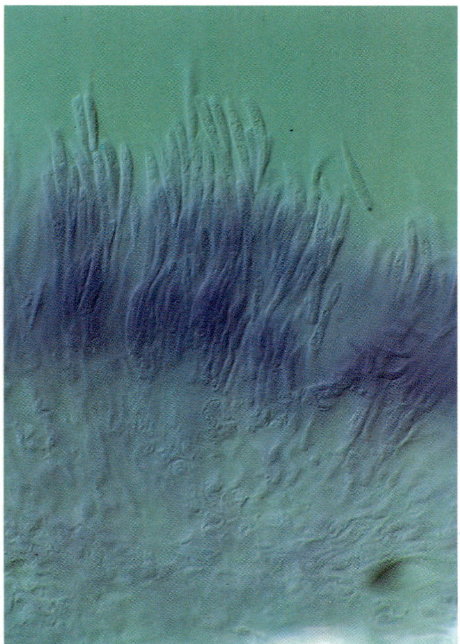

Abb. 55

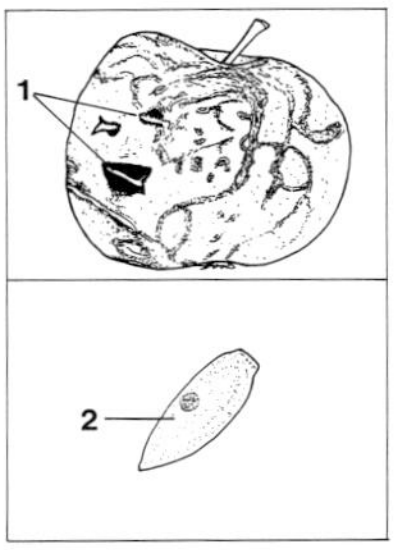

Abb. 56/57

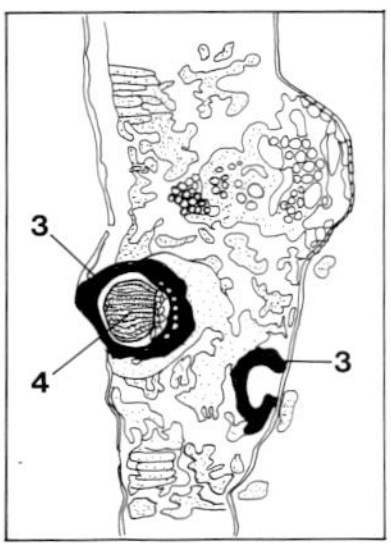

Abb. 58

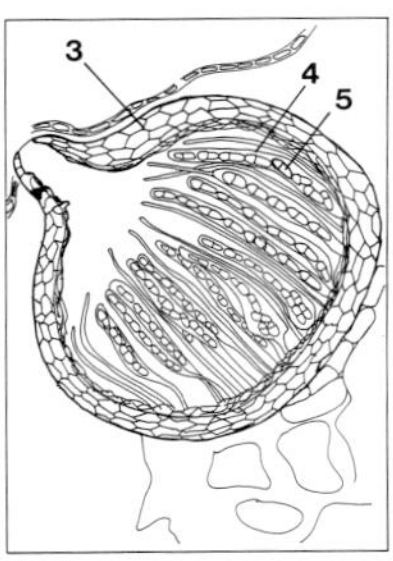

Abb. 59

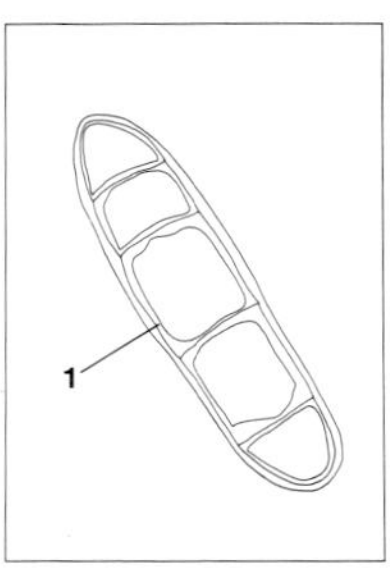

Abb. 60

Loculoascomycetes: Die Ascokarpien der *Loculoascomycetes* werden als Pseudothecien bezeichnet. Sie besitzen große Ähnlichkeit mit den Perithecien der *Pyrenomycetes*. Die Pseudothecien bilden sich durch Aufbrechen einer vorgebildeten Gewebemasse (Stroma). Dadurch entstehen Hohlräume (Loculi), in denen sich die Asci entwickeln können. Der Ascus ist bitunicat.

Zu den *Loculoascomycetes* gehören drei Ordnungen: die *Myriangiales, Dothideales* und *Pleosporales*. Die zuletzt genannte Ordnung ist von besonderem phytopathologischen Interesse.

Ein wichtiger Vertreter ist *Venturia inaequalis,* der Erreger des Apfelschorfes. Der Pilz verursacht auf den Früchten Krankheitssymptome, die zu einem starken Qualitätsverlust führen. *Venturia inaequalis* überwintert in abgefallenen Apfelblättern, in denen sich im Frühjahr die Pseudothecien mit den Asci entwickeln (Abb. 58). Zur Zeit des Knospenaufbruchs reifen in den Asci die zweizelligen Ascoporen (Abb. 59), diese werden aus den Asci und der vorgefertigten Öffnung des Pseudotheciums herausgeschleudert und mit dem Wind auf die jungen Blätter getragen. Nach der Keimung der Ascosporen dringt das Mycel in die Blätter ein und breitet sich zwischen der Epidermis und der Kutikula aus. Als erste Symptome zeigen sich auf der Blattober- und Blattunterseite oliv gefärbte samtartige Flecken. Sie stellen die Konidienlager dar, in denen an kurzen Trägern einzellige, birnenförmige Konidien entstehen (Abb. 57). Die Konidien werden durch Wind und Regen auf gesunde Blätter getragen und rufen dort während der Vegetationsperiode ständig Neuinfektionen und die Bildung neuer Konidien hervor (ungeschlechtliche Vermehrung). Neben den Blättern werden auch die Früchte infiziert; sie zeigen braune Flecken und zum Teil verkorkte Risse (Abb. 56).

Zu den *Loculoascomycetes* zählt ebenfalls *Pyrenophora graminea,* der Erreger der Streifenkrankheit der Gerste. Als typische Symptome entstehen auf den Blättern braune Streifen, in denen Konidien (Abb. 60) gebildet werden. Diese gelangen auf die Karyopsen (Saatgutübertragung). Eine Weiterverbreitung der Krankheit während der Vegetationsperiode mit anschließender Ausbildung neuer Symptome kann nicht erfolgen. Die Hauptfruchtform hat für die Entwicklung des Pilzes keine Bedeutung. Aus diesem Grunde wird der Pilz auch häufig bei den *Deuteromycotina* eingeordnet.

Eine Auswahl weiterer wirtschaftlich wichtiger phytopathogener *Loculoascomycetes:*

Venturia pirina (Schorf an Birnen). *Didymella lycopersici* (Stengel- und Fruchtfäule an Tomaten). *Didymella applanata* (Rutensterben der Himbeere). *Pyrenophora teres* (Netzfleckenkrankheit an Gerste). *Mycosphaerella fragaria* (Weißfleckenkrankheit an Erdbeere).

Abb. 56, 57, 58, 59: *Venturia inaequalis* an Apfel; Konidienform: *Fusicladium dentriticum* (Apfelschorf). Abb. 56, Makroaufnahme; Abb. 57, Vergrößerung × 1125; Abb. 58, Pianese, Vergrößerung × 180; Abb. 59, Flemming, Vergrößerung × 450. Infizierte Apfelfrüchte zeigen schorfige Flecken (1). Auf Querschnitten von im Herbst abgefallenen und schon teilweise verrotteten Blättern sind Pseudothecien (3) mit schlauchförmigen Asci (4), die jeweils acht zweizellige Ascosporen (5) enthalten, sichtbar. Auf den Blättern entstehen im Frühjahr an kurzen Konidienträgern einzellige Konidien (2).

Abb. 60: *Pyrenophora graminea* an Gerste. Konidienform *Helminthosporium gramineum* (Streifenkrankheit). Vergrößerung × 700. Ovale, mehrkammrige Konidien (1), die während der Vegetationsperiode auf den Blättern gebildet werden.

Abb. 56/57

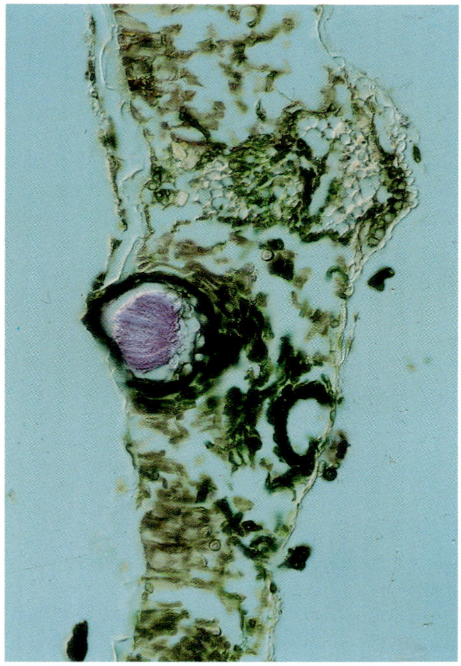

Abb. 58

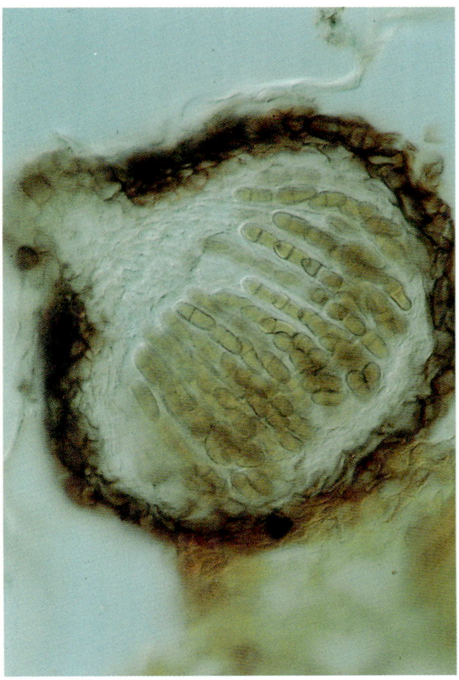

Abb. 59

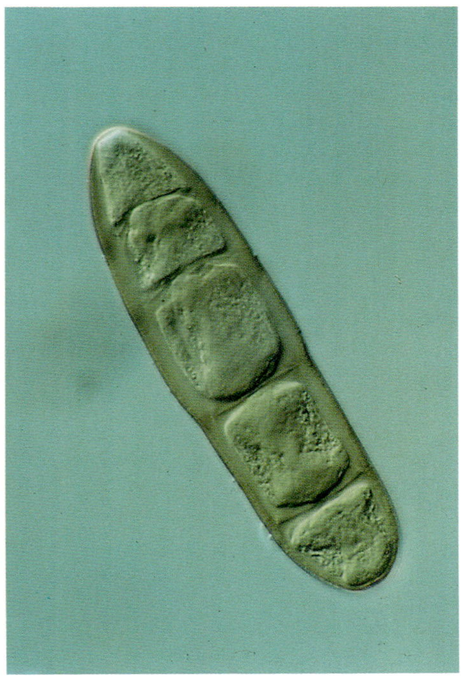

Abb. 60

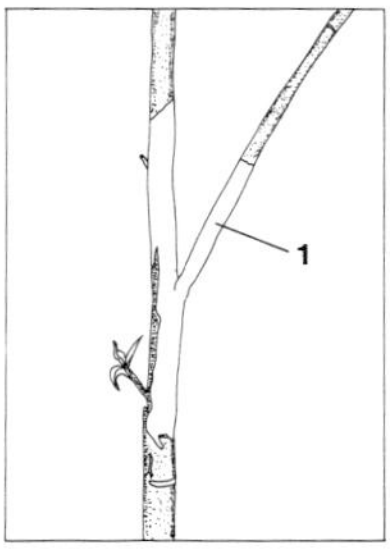

Abb. 61

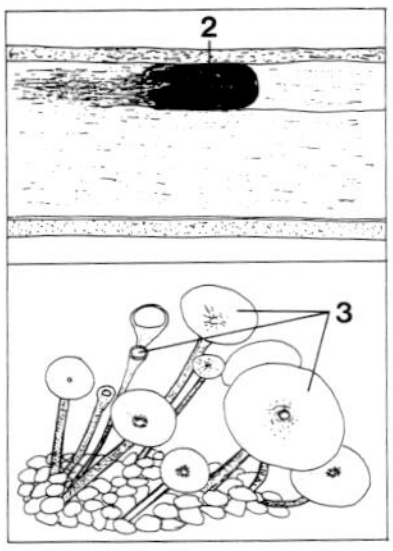

Abb. 62/63

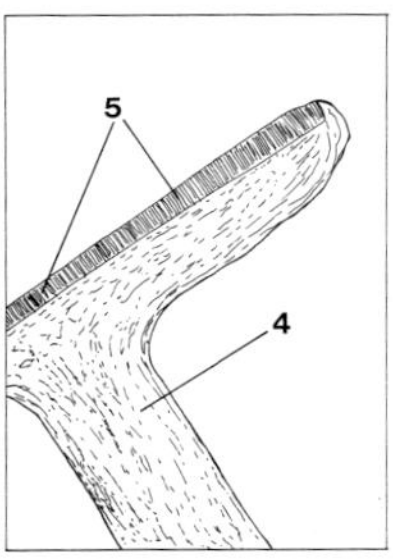

Abb. 64

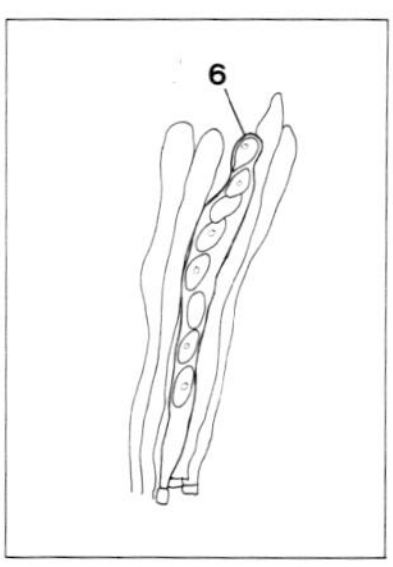

Abb. 65

Discomycetes: Die Fruchtkörper (Ascokarpien) der *Discomycetes* sind tellerförmig mit offenliegendem Hymenium. Auf der Oberfläche des scheibenförmigen Gebildes befinden sich nebeneinander Paraphysen (sterile Hyphen) und Asci mit jeweils acht ovalen Ascosporen. Die Ascuswand ist unitunicat. Die geschlechtliche Entwicklung ist weitgehend identisch mit derjenigen der *Plectomycetes*. Einige Pilze bilden keine auf ungeschlechtlichem Wege entstehenden Konidien aus. Die Verbreitung dieser Formen im Bestand erfolgt daher ausschließlich durch Ascosporen (z. B. *Sclerotinia sclerotiorum*).

Zur Klasse der Discomyceten zählen zwei Ordnungen, die phytopathogene Arten enthalten: die *Phacidiales* und die *Helotiales*. Zu den *Phacidiales* gehören zahlreiche Nadelparasiten, so u. a. auch die wirtschaftlich wichtige, durch *Lophodermium pinastri* verursachte Kiefernschütte sowie Erreger von Flecken- oder Schorfkrankheiten an Laubbäumen, wie z. B. die in feuchten Lagen häufig an Ahorn auftretenden und durch *Rhytisma acerinum* verursachte Teerfleckenkrankheit.

Zu den *Helotiales* gehören zahlreiche Erreger von Fäulen und Nekrosen an Stengeln, Früchten und Blättern von Kulturpflanzen. Als Beispiele werden zwei Arten, die sich in ihrer Biologie wesentlich unterscheiden, näher beschrieben: *Sclerotinia sclerotiorum*, der Erreger der Weißstengeligkeit am Raps, und *Sclerotinia laxa* als Erreger der Monilia-Spitzendürre an Steinobst.

S. sclerotiorum bildet, wie *Claviceps purpurea*, Sklerotien. Diese keimen im Frühjahr und entwickeln an 1 cm langen Stielchen die tellerförmigen Apothecien (Abb. 63), in denen sich die Asci mit jeweils acht Ascosporen befinden (Abb. 64, 65). Die Ascosporen werden etwa zur Vollblüte des Rapses ausgeschleudert und gelangen auf die Wirtspflanzen, wo sie auskeimen und mit dem Mycel in den Stengel eindringen. Im Stengelinnern befindet sich das weißliche Mycel und die Sklerotien (Abb. 62), die bei der Ernte auf und in den Boden kommen und dort den Winter überdauern. Durch den Pilzbefall entsteht das Symptom der Weißstengeligkeit (Abb. 61). Eine Ausbreitung des Pilzes während der Vegetationsperiode ist nicht möglich, weil keine Konidien gebildet werden. *Sclerotinia sclerotiorum* kann zahlreiche Kulturpflanzen befallen und sowohl Symptome an den Stengeln (Raps, Tomate) oder Fäulen (Möhre, Gurke) hervorrufen. Außerdem dienen zahlreiche Unkräuter diesem Pilz als Wirtspflanzen.

Sclerotinia laxa verursacht bei Steinfrüchten, insbesondere Sauerkirsche, die *Monilia*-Spitzendürre. Der Pilz dringt über die Blüten in die Zweige ein; auch die Früchte können befallen werden. Infolge der Infektion sterben die Zweigspitzen ab (Abb. 67), die Blütenblätter werden braun und auf den Früchten entstehen Faulstellen mit grauen Konidienlagern (Abb. 66). Die befallenen Blüten und die später mumifizierten Früchte fallen nicht ab. Der Pilz bleibt in den abgestorbenen Zweigpartien und Blüten sowie den Fruchtmumien lebensfähig. Er bildet dort im Frühjahr Konidienlager und Konidien (Abb. 68, 69), die Neuinfektionen hervorrufen können.

Zur Einleitung der geschlechtlichen Vermehrung dieses Pilzes müssen die Fruchtmumien auf den Boden gelangen, wo sie nach zweijähriger Lagerung Apothecien ausbilden. Die Hauptfruchtform ist jedoch, im Gegensatz zu

---

Abb. 61, 62, 63, 64, 65: Sclerotinia sclerotiorum an Raps (Weißstengeligkeit, Rapskrebs). Abb. 61, 62, 63 Makroaufnahmen; Abb. 64, Direkttiefschwarz, Vergrößerung × 18; Abb. 65, Direkttiefschwarz, Vergrößerung × 700. Am Rapsstengel sind helle Partien sichtbar (1). Im Innern der hohlen Stengel befinden sich Sklerotien (2), die in den Boden gelangen. Diese keimen mit einem Stielchen und entwickeln terminal die tellerförmigen Apothecien (3). Querschnitte durch die Apothecien zeigen einen aus Mycel bestehenden Fruchtkörper mit einem Stiel (4) und auf der Oberfläche das Hymenium (5) mit Paraphysen sowie schlauchförmigen Asci mit jeweils acht Ascosporen (6).

Abb. 61

Abb. 62/63

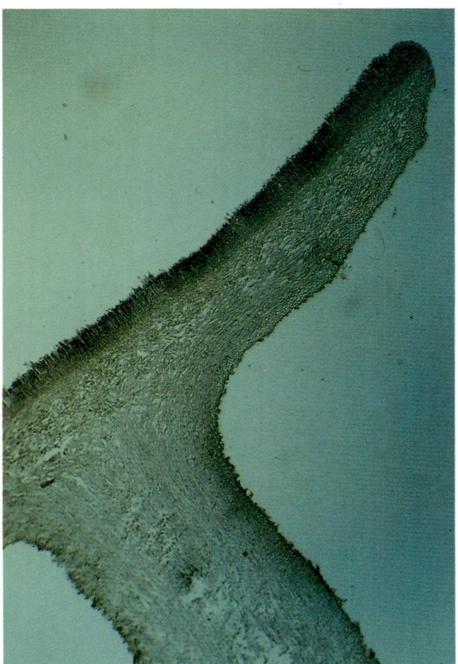

Abb. 64

Abb. 65

Sclerotinia sclerotiorum, für die Ausbreitung und Überdauerung des Krankheitserregers von untergeordneter Bedeutung.

Während von *S. laxa* vor allem Steinobst geschädigt wird, befällt die nahe verwandte Art *S. fructigena* bevorzugt Kernobst.

Eine Auswahl weiterer wirtschaftlich wichtiger phytopathogener *Discomycetes:*

Pseudopeziza tracheiphila (Roter Brenner an Weinrebe). *Pseudopeziza medicaginis* (Klappenschorf an Luzerne). *Blumeriella jaapi* (Sprühfleckenkrankheit an Sauer- und Süßkirsche). *Pezicula malicorticis* und *P. alba* (Bitterfäule an Apfel; s. a. S. 60, *Deuteromycotina*). *Sclerotinia trifoliorum* (Kleekrebs).

Zur Bekämpfung der zu den *Ascomycotina* gehörenden phytopathogenen Pilze kommen im wesentlichen die bereits bei den *Oomycetes* erwähnten Maßnahmen zur Anwendung. Da durch die vollkommene Anpassung der Ascomycotina an das Landleben überwiegend die oberirdischen Pflanzenteile befallen werden, überwiegt der Einsatz von protektiv und systemisch wirkenden Fungiziden, insbesondere bei der Bekämpfung der Echten Mehltaupilze und des Apfelschorfs. Außerdem können angewendet werden:

- Fruchtfolgemaßnahmen, vor allem gegen Krankheitserreger, die mit Fungiziden nicht wirksam bekämpft werden können, wie z. B. *Gaeumannomyces graminis* (Schwarzbeinigkeit an Getreide) oder *Sclerotinia trifoliorum* (Kleekrebs).
- Mechanische Maßnahmen, wie z. B. Baumschnitt zur Entfernung von überwinterndem Mycel unter Knospenschuppen und Ascokarpien (Apfel- bzw. Stachelbeermehltau), Beseitigung von Blattrückständen, in denen sich Fruchtkörper mit Ascosporen entwickeln können (Apfelschorf), Saatgutreinigung zur Entfernung von Mutterkornsklerotien sowie Beseitigung von Fruchtmumien zur Eindämmung der Frucht-Monilia.
- Saatgutbehandlung mit Fungiziden gegen Pilze, die mit dem Saatgut übertragen werden, wie z. B. *Calonectria nivalis* (Schneeschimmel an Weizen und Roggen), *Pyrenophora graminea* (Streifenkrankheit der Gerste).

Auch die Verhinderung von Verletzungen an Früchten, die den Pilzen als Eintrittspforten dienen können, wie dies z. B. bei der Frucht-Monilia der Fall ist, gehören zu den wirksamen Bekämpfungsmaßnahmen.

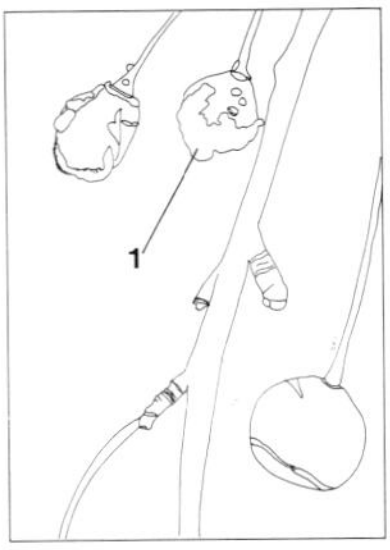

Abb. 66

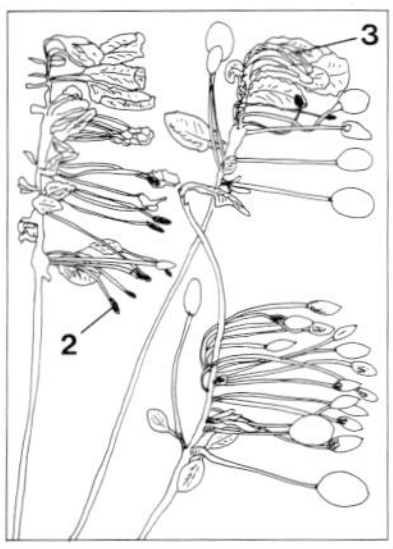

Abb. 67

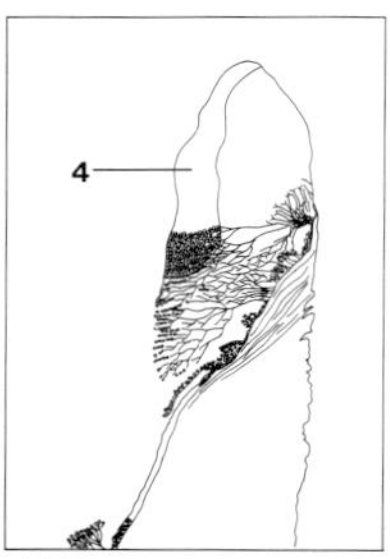

Abb. 68

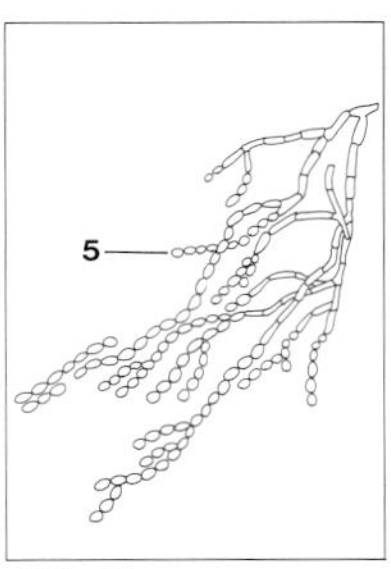

Abb. 69

Abb. 66, 67, 68, 69: Sclerotinia laxa an Sauerkirsche. Konidienform: *Monilia laxa* (Monilia-Spitzendürre). Abb. 66, 67, Makroaufnahmen; Abb. 68, Baumwollblau-Safranin, Vergrößerung × 18; Abb. 69, Baumwollblau-Safranin, Vergrößerung × 450. Auf den faulenden Früchten entstehen Konidienpolster (1). Die Blütenblätter werden braun und die schrumpfenden Früchte entwickeln sich zu Fruchtmumien. Sowohl Blütenblätter als auch Fruchtmumien bleiben in den Bäumen hängen (2). Die infizierten Zweigspitzen verdorren und sterben ab (3). Ein Querschnitt durch die befallenen Fruchtteile zeigt ein Konidienlager (4). Dieses besteht aus zahlreichen Konidienträgern mit einem dichten Polster von kettenförmig angeordneten Konidien (5).

Abb. 66

Abb. 67

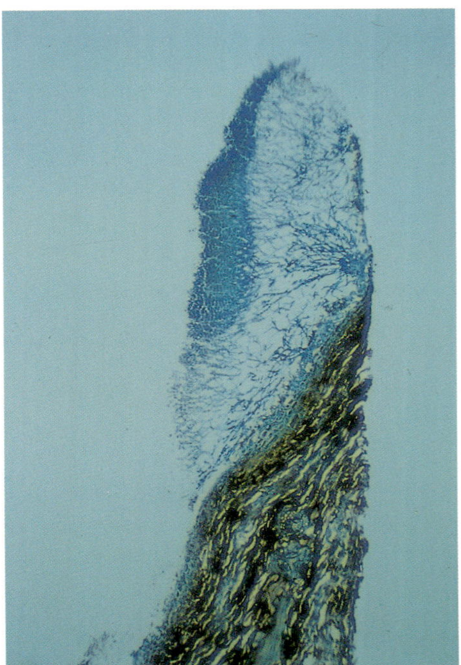

Abb. 68

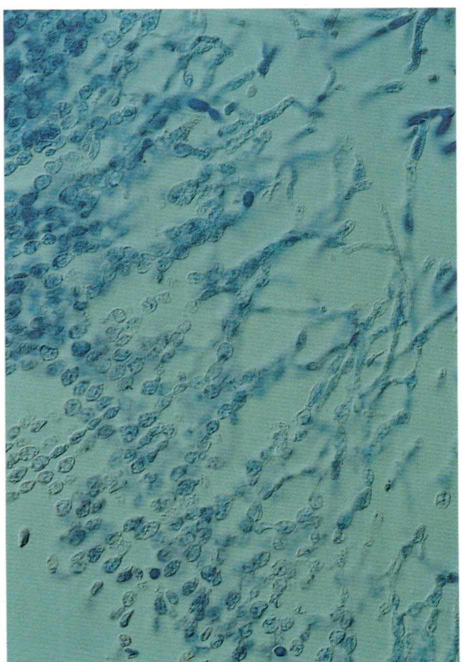

Abb. 69

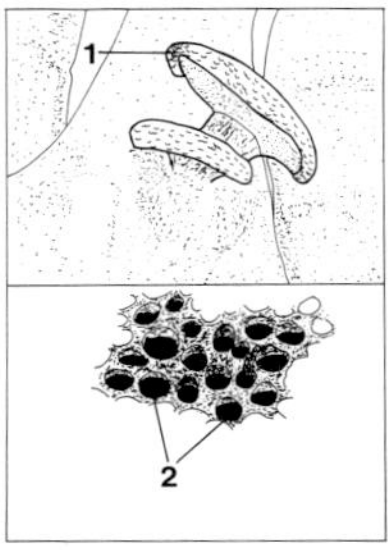

Abb. 70/71

Basidiomycotina

Die *Basidiomycotina* sind die am höchsten entwickelten Pilze. Die Ausbildung von Sexualorganen ist vollkommen unterdrückt. Es kopulieren in der Regel nur die haploiden Hyphen. Das dikaryotische Mycel stellt die Hauptlebensphase dar. Im Gegensatz zu den *Ascomycotina* bilden die *Basidiomycotina* die für die geschlechtliche Vermehrung verantwortlichen Basidiosporen exogen auf der Basidie. Chitin ist auch hier der Hauptbestandteil der Zellwand.

Maßgebend für die Gliederung der *Basidiomycotina* ist das Fehlen bzw. das Vorhandensein von Fruchtkörpern (Basidiokarpien). Danach unterscheiden wir drei Klassen: die *Teliomycetes, Hymenomycetes* und *Gasteromycetes,* von denen nur die beiden erstgenannten von phytopathologischem Interesse sind. Die *Teliomycetes* besitzen keine Fruchtkörper, statt dessen entstehen Teliosporen oder Chlamydosporen, die Probasidien darstellen.

Die *Hymenomycetes* bilden Basidiokarpien aus, in denen sich die Basidien entwickeln. Aufgrund der Basidienstruktur werden die zu dieser Gruppe gehörenden Vertreter in zwei Unterklassen aufgeteilt: die *Phragmobasidiomycetidae,* hierbei handelt es sich meist um saprophytisch auf Holz lebende Pilze, und die *Holobasidiomycetidae* mit einer Reihe pflanzenpathogener Formen.

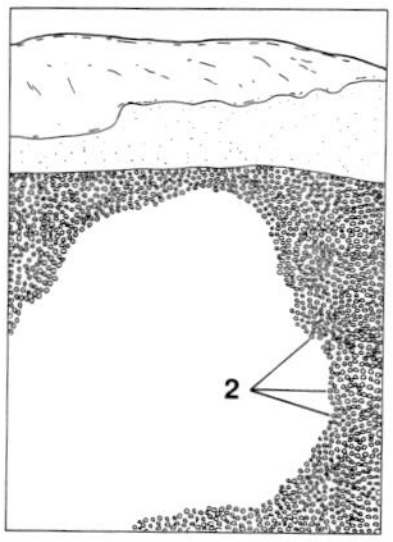

Abb. 72

Hymenomycetes: Die *Hymenomycetes* stellen die umfangreichste Gruppe unter den *Basidiomycotina* dar. Die zur Unterklasse *Phragmobasidiomycetidae* zählenden Pilze bilden Phragmobasidien, d. h. durch Septen geteilte Basidien aus. Im Gegensatz dazu liegen bei den *Holobasidiomycetidae* sogenannte Holobasidien vor, das sind unseptierte Basidien, an denen nach der Reduktionsteilung vier auf Sterigmen inserierte Basidiosporen abgeschnürt werden. Zu dieser Unterklasse gehören zahlreiche Pilze, die im Forst- und Obstbau Schäden verursachen können, wie z. B. *Fomes annosus* (Erreger der Rotfäule an Nadelbäumen) oder *Polyporus betulinus* (Erreger der Braunfäule an Birken). Im Obstbau sind die *Polyporus*-Arten von besonderem Interesse. Sie entwickeln an den Stämmen konsolenförmige Fruchtkörper (Abb. 70), die mit Hohlräumen durchzogen sind und auf der Unterseite der Basidiokarpien nach außen münden (Abb. 71, 72). In diese Hohlräume ragen die Basidien mit den Basidiosporen (Abb. 73, 74). Die Infektion der Bäume erfolgt stets über Wunden. Nach einer Infektion tritt eine Zersetzung des Holzes durch Abbau des Lignins mit anschließender Fäulnis ein.

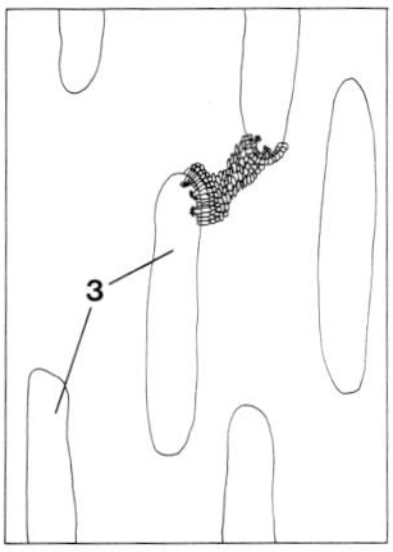

Abb. 73

Die wichtigste vorbeugende Bekämpfungsmaßnahme ist, den Stamm und die Zweige vor Verletzungen zu schützen und damit das Eindringen der Krankheitserreger zu verhindern.

Eine Auswahl weiterer wirtschaftlich wichtiger phytopathogener *Hymenomycetes:*

Stereum purpureum (Bleiglanz an Obstbäumen). *Typhula incarnata* (Typhula-Fäule an Gerste). *Corticium solani;* sterile Mycelform *Rhizoctonia solani* (Wurzeltöter an Kartoffel).

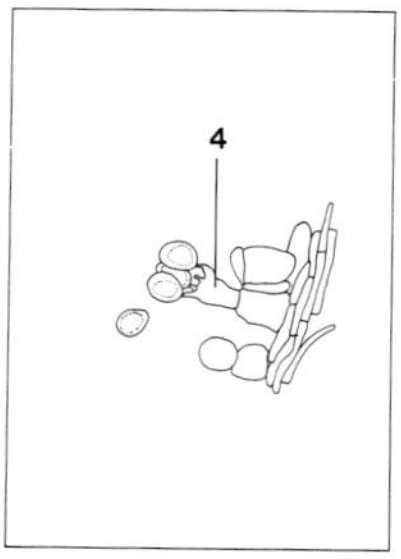

Abb. 74

Abb. 70, 71, 72, 73, 74: Polyporus spec. an Obstbäumen (Baumschwamm). Abb. 70, 71, 72, Makroaufnahmen; Abb. 73, Direkttiefschwarz, Vergrößerung ×56; Abb. 74, Direkttiefschwarz, Vergrößerung ×700. Am Stamm Ausbildung von konsolenförmigen Fruchtkörpern (Basidiokarpien) (1) mit porenförmigen Ausgängen auf der Unterseite (2). Ein vertikaler Schnitt durch den Fruchtkörper zeigt Hohlräume (3) mit den am Rande wachsenden einzelligen Basidien, die jeweils vier Sterigmen und Basidiosporen enthalten (4).

Abb. 70/71

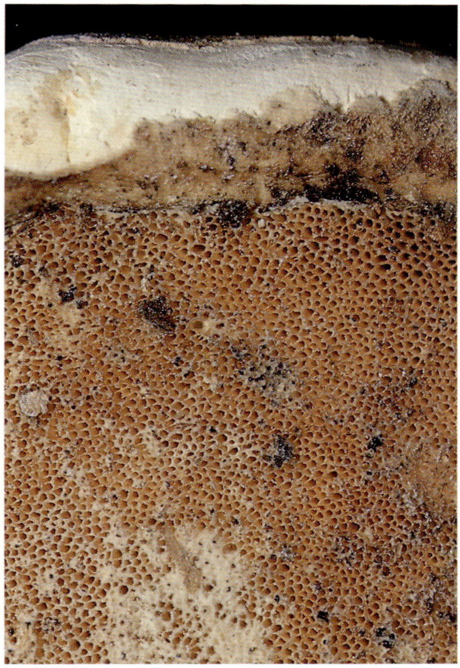

Abb. 72

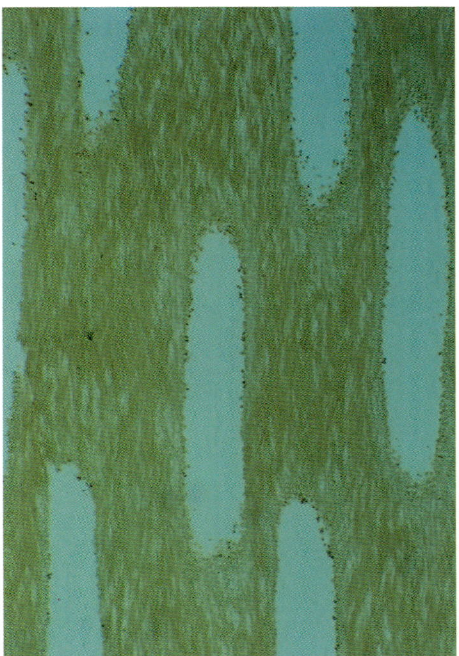

Abb. 73

Abb. 74

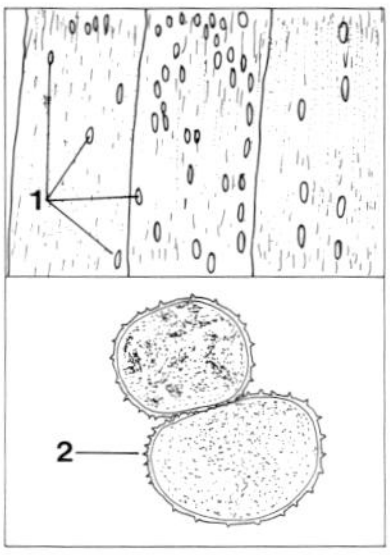

Abb. 75/76

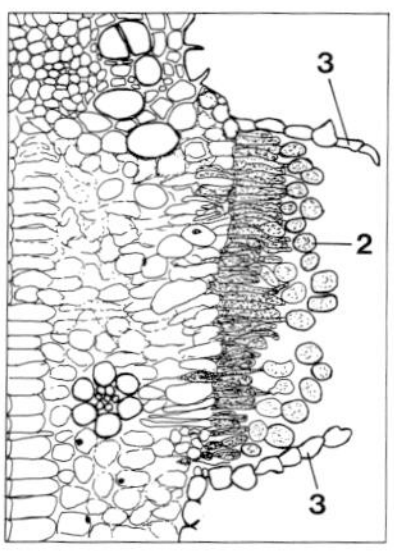

Abb. 77

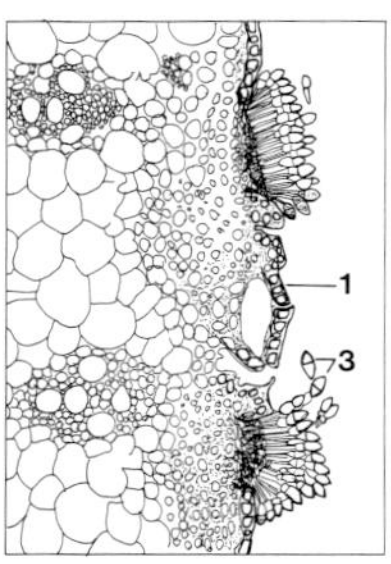

Abb. 78

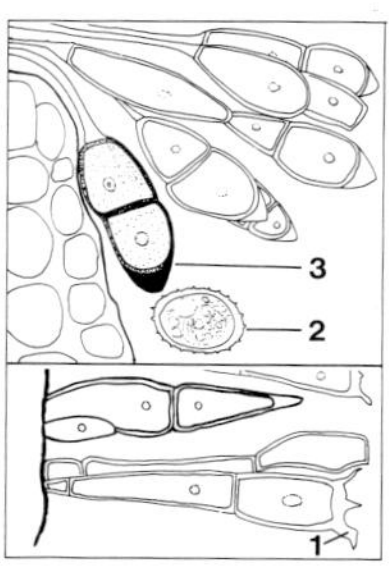

Abb. 79/80

Teliomycetes: Die *Teliomycetes* bilden keine Fruchtkörper (Basidiokarpien). Charakteristisch ist die Entwicklung einer Vorstufe der Basidie, die als Probasidie bezeichnet wird und in der die Karyogamie und die Reduktionsteilung stattfinden. Zwei wichtige Gruppen von pflanzenpathogenen Pilzen sind den *Teliomycetes* zuzuordnen: die *Uredinales* (Rostpilze) und die *Ustilaginales* (Brandpilze).

Uredinales: Bei den Rostpilzen handelt es sich um eine umfangreiche Pilzordnung. Mehr als 4000 Arten, die in mehr als 100 Gattungen zusammengefaßt werden, sind bekannt. Viele Arten parasitieren auf Wild- und Kulturpflanzen. Die Bezeichnung »Rostpilze« ist auf die rostbraune Farbe der Uredo- und Teleutosporenlager, die sich in der Regel auf den Blättern befinden, zurückzuführen (Abb. 75, 89, 97).

Die Mehrzahl der Arten besitzt einen komplizierten Entwicklungskreislauf, bei dem verschiedene Sporenlager und -behälter mit den entsprechenden Sporen entstehen können. Zahlreiche Rostpilze sind wirtswechselnd (heterözische Rostpilze), bei anderen finden wir alle Sporenformen auf ein und derselben Pflanze (autözische Rostpilze). Die folgenden Stadien treten auf:

- Uredosporen: Sie entstehen unter der Epidermis, die später aufreißt und so die rostbraunen Sporen freisetzt (Abb. 75). Die Uredosporen sind rund, dünnwandig und mit Stacheln oder Warzen besetzt (Abb. 76, 94). Die Morphologie der Uredosporen stimmt bei allen Rostpilzen weitgehend überein.
- Teleutosporen: Sie sind die Probasidien der Rostpilze. In ihnen erfolgt die Kernverschmelzung (Karyogamie) und Meiosis. Die Teleutosporen der verschiedenen Arten haben ein sehr unterschiedliches Aussehen (Abb. 79, 80, 96, 100); sie sind häufig dickwandig, z. T. zweizellig (z. B. bei den meisten Getreiderosten (Abb. 79, 80) und stellen die Überdauerungsform dieser Pilze dar.
- Basidiosporen: Aus der Teleutospore (Probasidie) entsteht nach der Meiosis eine viergeteilte Basidie mit vier haploiden Basidiosporen, die bei den heterözischen Rostpilzen auf den Zwischenwirt gelangen müssen.
- Spermatien: Hierbei handelt es sich um kleine einzellige Sporen, die in kleinen krugförmigen Sporenbehältern, den Spermogonien, gebildet werden (Abb. 81, 82, 88, 91, 92). Diese entstehen auf der Blattoberseite und befinden sich bei den heterözischen Rostpilzen stets auf den Zwischenwirten.
- Aecidiosporen: Sie besitzen ein rundes, zuweilen auch eckiges Aussehen und entwickeln sich in einem engen Verband innerhalb relativ großer

---

Abb. 75, 76, 77: Puccinia striiformis an Weizen, Gerste, Roggen, Hafer und zahlreichen Gräsern (Gelbrost). Abb. 75, Makroaufnahme; Abb. 76, Vergrößerung × 700; Abb. 77, Baumwollblau-Safranin, Vergrößerung × 225. Auf den Blättern rostfarbene Uredosporenlager (1). Die Uredosporen sind dünnwandig und auf der Oberfläche mit kleinen Warzen besetzt (2). Die Uredosporenlager werden unter der Epidermis angelegt, die sich aufwölbt und später aufreißt (3).

Abb. 78, 79: Puccinia graminis an Weizen, Gerste, seltener an Roggen und Hafer (Schwarzrost). Abb. 78, Direkttiefschwarz, Vergrößerung × 110; Abb. 79, Direkttiefschwarz, Vergrößerung × 700. Blattquerschnitt mit Teleutosporenlagern, die unter der Epidermis angelegt werden (1). Die Teleutosporen unterscheiden sich von den Uredosporen (2) dadurch, daß sie zweizellig und dickwandig sind (3).

Abb. 80: Puccinia coronata an Hafer (Haferkronenrost). Direkttiefschwarz, Vergrößerung × 700. Die Teleutosporen tragen als besonderes Kennzeichen terminal mehrere Fortsätze (»Krone«) (1).

Abb. 75/76

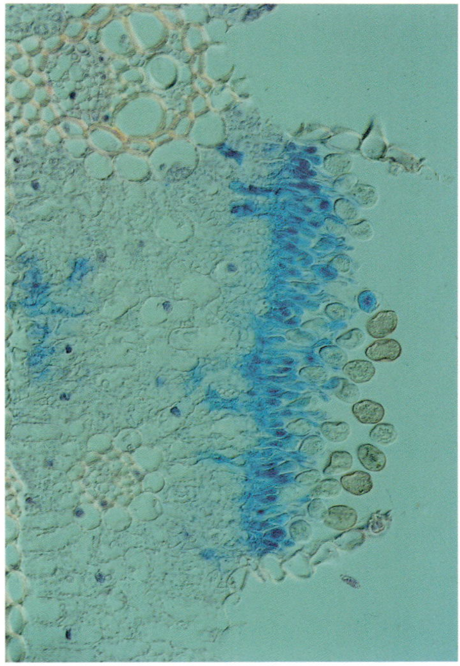
Abb. 77

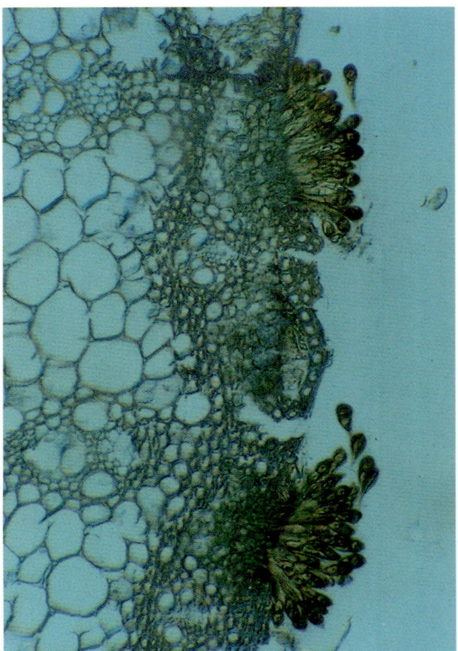
Abb. 78

Abb. 79/80

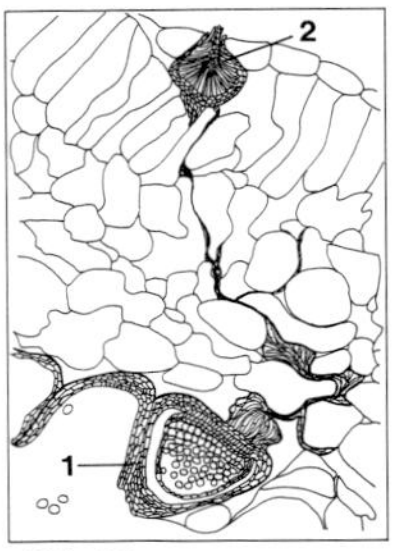

Abb. 81

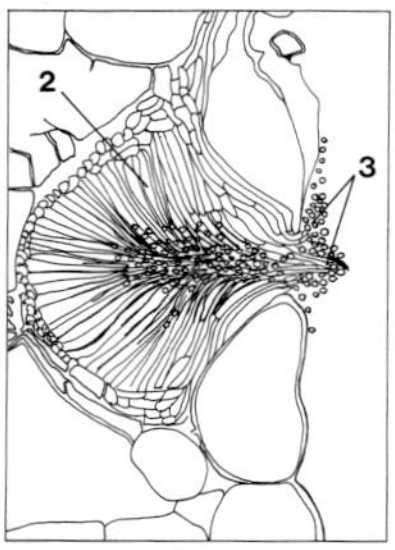

Abb. 82

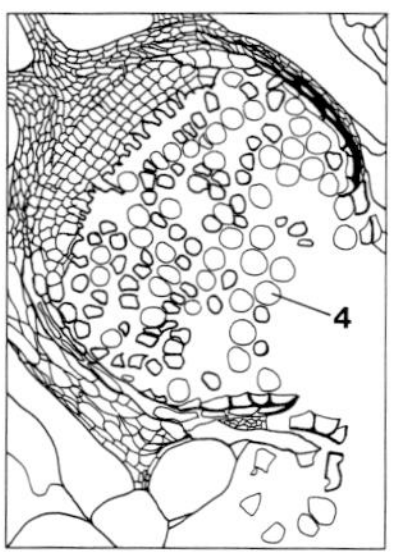

Abb. 83

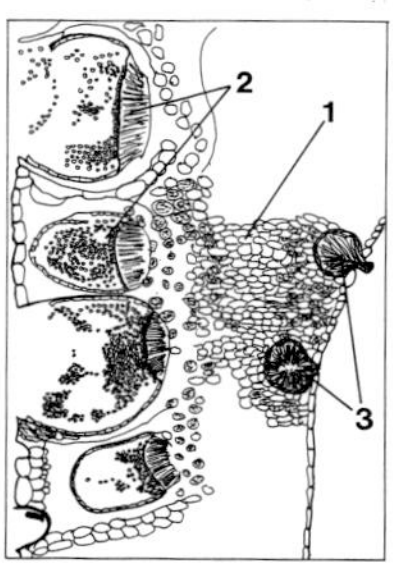

Abb. 84

Aecidien (Abb. 83, 84, 86, 87). Diese befinden sich in der Regel auf der Unterseite der Blätter (Abb. 81, 84, 86, 91); sie kommen bei den heterözischen Rostpilzen zusammen mit den Spermogonien stets auf den Zwischenwirten vor.

Die Aecidien der zu den einzelnen Familien gehörenden Rostpilze haben ein unterschiedliches Aussehen; sie können blasenartig, becher- oder krugförmig sein. Ein weiteres Merkmal ist das Vorkommen bzw. Nichtvorhandensein einer Peridie, das ist eine die Aecidiensporenketten umgebende Zellschicht, die eine Abgrenzung zum Wirtsgewebe darstellt (Abb. 83). Man unterscheidet:

- den Aecidium-Typ, becherförmig mit Peridie, z. B. bei *Puccinia*-Arten auf den Zwischenwirten der Getreideroste (Abb. 83).
- den Roestelia-Typ, krugförmig mit Peridie, z. B. *Gymnosporangium sabinae* auf Birnenblättern (Abb. 87).
- Peridermium-Typ, blasenförmig mit Peridie, z. B. *Cronartium ribicola* auf der Weymouthkiefer *(Pinus strobus)*.
- Caeoma-Typ, blasenförmig ohne Peridie, z. B. Vertreter der *Melampsoraceae.*

Die Entwicklung der Rostpilze verläuft wie folgt: Bei den heterözischen Formen keimt die haploide Basidiospore mit einem einkernigen Mycel auf dem Zwischenwirt. Der Keimschlauch dringt durch die Epidermis in die Interzellularräume ein und breitet sich in der Pflanze aus. Die Hyphen bilden durch Zusammenlagerungen auf der Blattoberseite Spermogonien aus, die haploide Spermatien enthalten, während in der Regel auf der Blattunterseite die becherförmigen Aecidien mit zweikernigen Aecidiosporen entstehen. Voraussetzung für die Bildung der Aecidien ist, daß zwei geschlechtlich differenzierte Basidiosporen auf der Wirtspflanze vorhanden sind, deren Hyphen sich im Blatt zu einem dikaryotischen Mycel vereinigen. Die ebenfalls dikaryotischen Aecidiosporen müssen dann auf den Hauptwirt gelangen. Dort keimen sie aus und der Keimschlauch dringt über die Spaltöffnungen in die Pflanzen ein. Anschließend werden unter der später aufreißenden Epidermis eine große Zahl rostfarbener dikaryotischer Uredosporen gebildet, die die Krankheit während der Vegetationsperiode von Pflanze zu Pflanze weiterverbreiten. Gegen Ende der Vegetationsperiode entstehen, wie bei den Uredosporen beschrieben, die Teleutosporenlager mit den meist etwas dunkler gefärbten Teleutosporen (Probasidie). In den Teleutosporen findet die Karyogamie (Kernverschmelzung) mit anschließender Meiosis statt.

Abb. 81, 82, 83: Puccinia dispersa an Ochsenzunge *(Anchusa arvensis)* als Zwischenwirt des Roggenbraunrostes. Abb. 81, Direkttiefschwarz, Vergrößerung × 70; Abb. 82, Direkttiefschwarz, Vergrößerung × 280; Abb. 83, Direkttiefschwarz, Vergrößerung × 180. Blattquerschnitte von *Anchusa* zeigen auf der Blattunterseite ein noch in der Entwicklung begriffenes und von der Epidermis überwölbtes Aecidium (1) und auf der Blattoberseite ein Spermogonium (2). Die Spermogonien sind in der Regel wesentlich kleiner als die Aecidien. Sie haben ein kugeliges oder krugförmiges Aussehen. Typisch sind die sterilen, hyphenartigen Paraphysen, die das Spermogonium umgeben. Durch eine kleine Öffnung gelangen fädige Gebilde durch die Epidermis nach außen, die an ihrer Spitze Spermatien abschnüren (3). Die vollentwickelten Aecidien sind groß und warzenförmig; in ihnen entstehen in großer Zahl die Aecidiosporen (4).

Abb. 84: *Puccinia ribesii-caricis* an Stachelbeere als Zwischenwirt (Stachelbeerrost). Direkttiefschwarz, Vergrößerung × 45. Hauptwirte sind *Carex*-Arten (Seggen). Ein Querschnitt von einem Stachelbeerblatt zeigt krugförmig in einem hypertrophierten Gewebe (1) eingesenkte Aecidien auf der Blattunterseite (2) und Spermogonien auf der Blattoberseite (3).

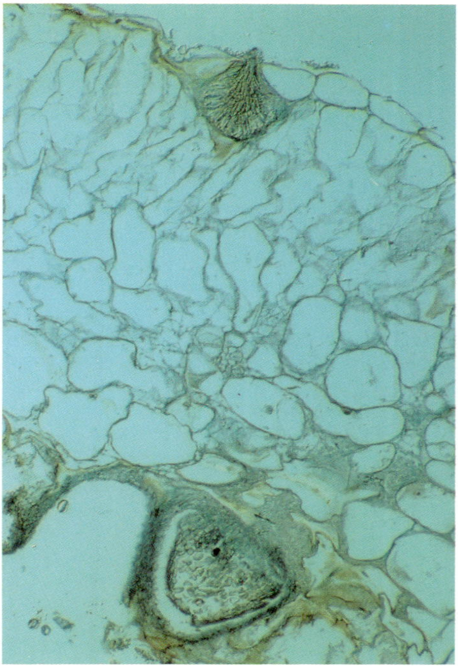
Abb. 81

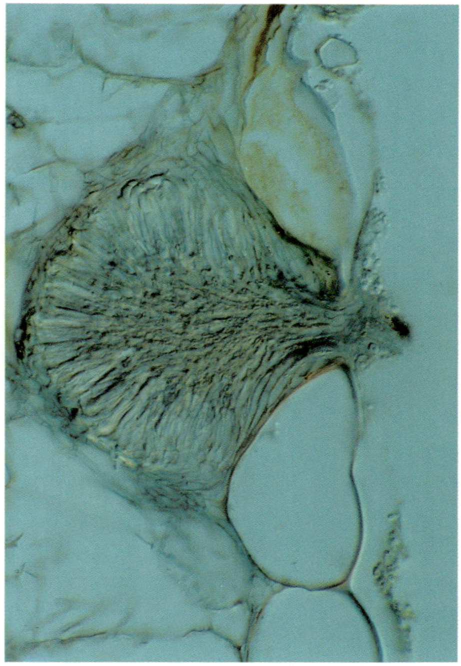
Abb. 82

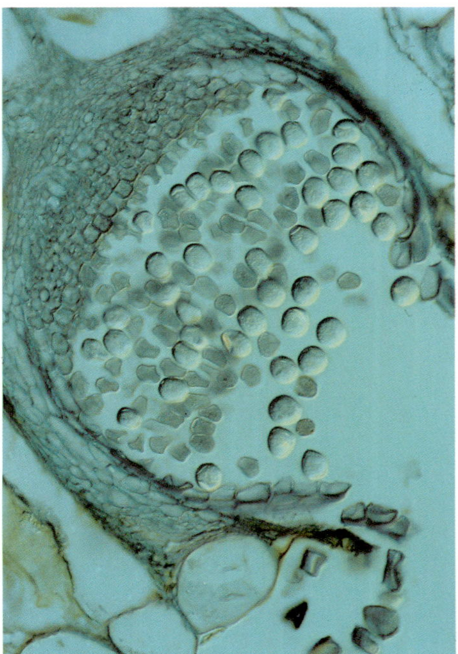
Abb. 83

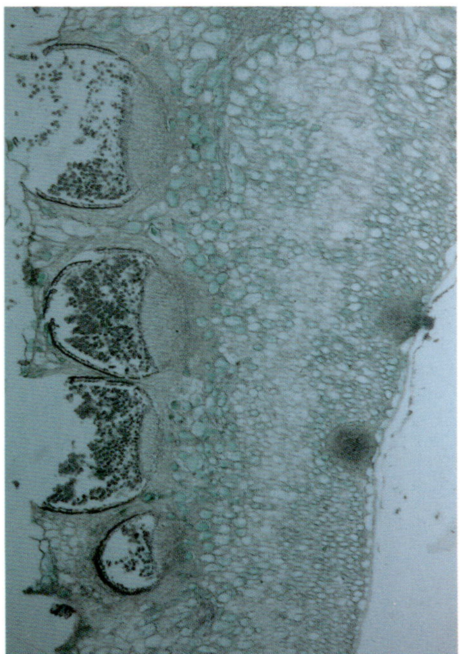
Abb. 84

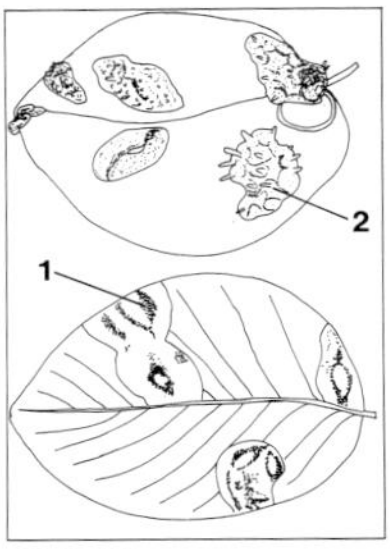

Abb. 85

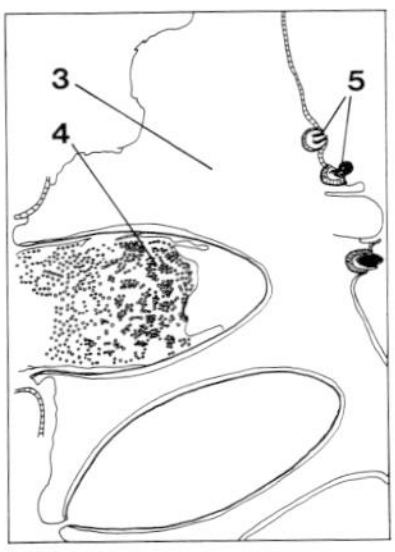

Abb. 86

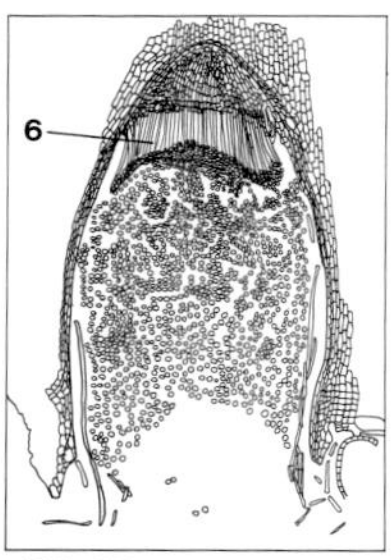

Abb. 87

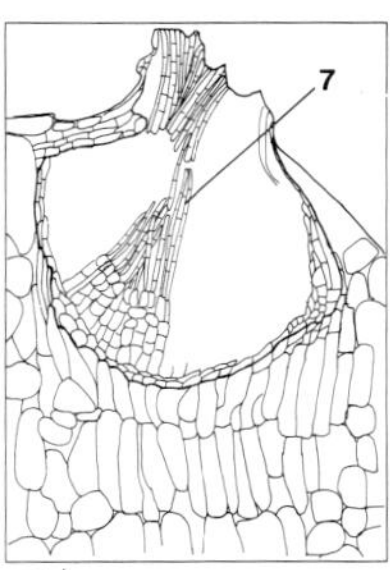

Abb. 88

In der Regel überwintert die dickwandige Teleutospore (Dauerspore) und bildet erst im Frühjahr Basidien und Basidiosporen aus, die wiederum auf den Zwischenwirt (Aecidienwirt) gelangen müssen.

Ist die Basidiosporeninfektion nur eingeschlechtlich, so kann der andere Partner durch eine in Spermogonien gebildete haploide Spermatie ersetzt werden, die an sogenannte Empfängnishyphen durch Wind oder Insekten herangetragen wird. Bei den autözischen Rostpilzen entstehen sowohl Uredosporen- und Teleutosporenlager als auch Aecidien und Spermogonien auf ein und derselben Pflanze. Es sind auch Arten bekannt, bei denen eine oder mehrere der genannten Sporenformen nicht vorhanden sind.

GÄUMANN (1959) unterscheidet 6 Familien: *Melampsoraceae, Coleosporiaceae, Pucciniastraceae, Chrysomyxaceae* sowie die *Pucciniaceae* und *Cronartiaceae.* Die Vertreter der vier zuerst genannten Familien sind vor allem in Forstkulturen von wirtschaftlicher Bedeutung. Charakteristisch für viele dieser Arten sind gelb aussehende blasige Aecidien auf den Forstpflanzen, während die Uredo- und Teleutosporenlager auf krautigen Arten gebildet werden. So zeigen z. B. viele *Coleosporium*-Arten entsprechende Aecidien auf Kiefern (= Kiefernnadelnblasenrost), während die Uredosporen und Teleutosporen auf *Senecio*- und *Sonchus*-Arten zu finden sind. Ein weiteres Beispiel ist *Chrysomyxa rhododendri.* Hier kommen die Aecidien auf den Fichtennadeln (= Fichtenblasenrost) und die Uredo- und Teleutosporen auf *Rhododendron*-Arten vor.

Von den auf landwirtschaftlichen Kulturen bekannten Arten ist *Melampsora lini,* der Erreger des Leinrostes (Flachsrost) zu nennen. Dieser Pilz, der hohe Ertragsausfälle und Qualitätsverluste verursachen kann, tritt wegen des geringen Leinanbaues heute kaum noch in Erscheinung.

Wegen ihrer wirtschaftlichen Bedeutung soll im folgenden lediglich auf die *Pucciniaceae* und *Cronartiaceae* eingegangen werden. Ein besonderes Kennzeichen der *Pucciniaceae* ist, daß die Teleutosporen gestielt sind (Abb. 79, 96). Innerhalb dieser Familie spielen die zur Gattung *Puccinia* gehörenden Roste an Gramineen, insbesondere Getreide, eine herausragende Rolle. Die Gramineen sind stets die Uredo- und Teleutosporenwirte, während die Aecidien und Spermogonien auf verschiedenen dikotylen Pflanzen gebildet werden. Die Teleutosporen der Getreideroste sind, von einer Ausnahme abgesehen, zweizellig (Abb. 79, 80). Die folgenden Getreideroste treten häufiger auf:

– *Puccinia graminis* (Schwarzrost) an Weizen, Gerste (Roggen, Hafer); Zwischenwirt: *Berberis vulgaris* (Berberitze). Wärmebedürftiger Pilz, in der Regel nur in Süddeutschland vorkommend (Abb. 78, 79).
– *Puccinia striiformis* (Gelbrost) an Roggen, Gerste, Weizen, Hafer und vielen Wildgräsern (z. B. *Agropyron, Bromus*) vorkommend. Ein Zwischenwirt ist nicht bekannt. Überwiegend in feucht-kühlen Klimaten (Norddeutschland) epidemisch (Abb. 75, 76, 77).

Abb. 85, 86, 87, 88: Gymnosporangium sabinae an Birne als Zwischenwirt (Birnengitterrost). Hauptwirt ist *Juniperus sabinae* u. a. *Juniperus*-Arten, jedoch nicht der Gemeine Wachholder *(J. communis).* Abb. 85, Makroaufnahme; Abb. 86, Direkttiefschwarz, Vergrößerung × 18; Abb. 87, Direkttiefschwarz, Vergrößerung × 45; Abb. 88, Direkttiefschwarz, Vergrößerung × 280. Auf der Blattoberseite der Birnenblätter entstehen während des Sommers orangerote Flecken mit zahlreichen Spermogonien (1) und braune warzenförmige Aecidien (2), auf der Blattunterseite. Blattquerschnitte zeigen stark hypertrophiertes Gewebe (3), in das die großen Aecidien auf der Unterseite eingesenkt sind (4) und im Vergleich dazu winzige Spermogonien auf der Oberseite (5). Stark vergrößerte Blattausschnitte geben Aecidien (6) und Spermogonien (7) wieder mit den für diese Sporenlager typischen, bereits beim Getreidebraunrost und Stachelbeerrost beschriebenen Strukturen.

Abb. 85

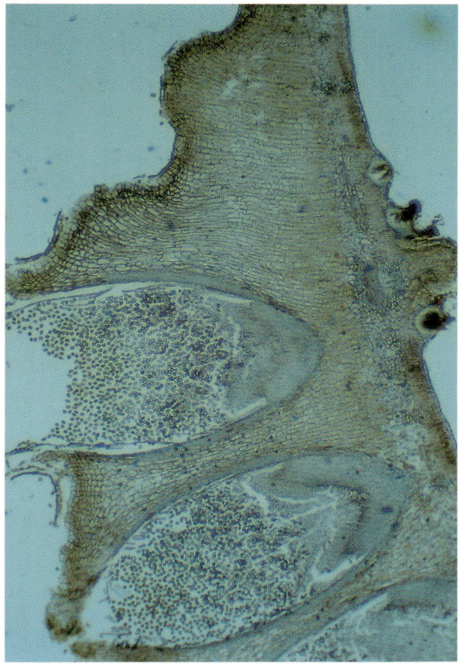

Abb. 86

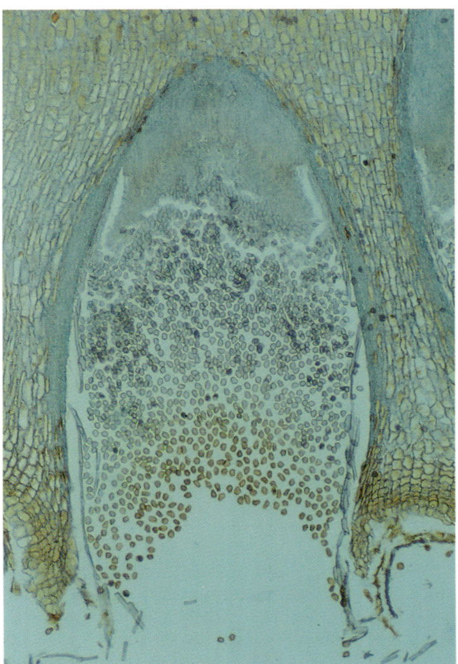

Abb. 87

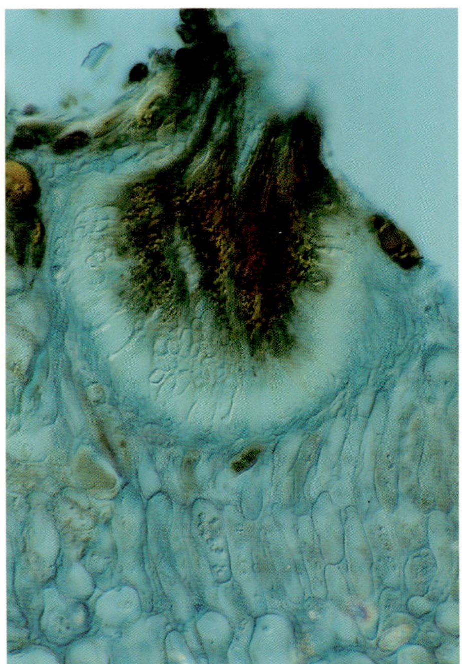

Abb. 88

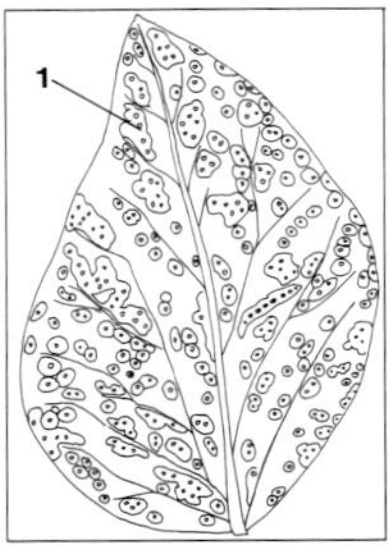

Abb. 89

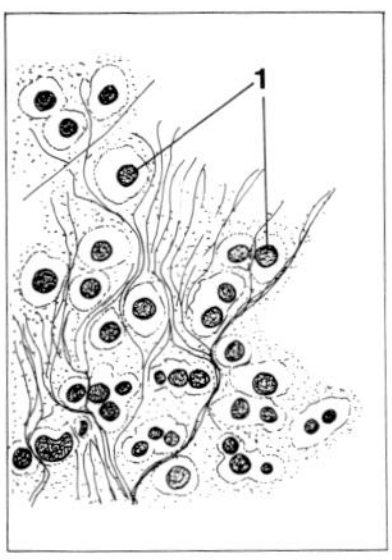

Abb. 90

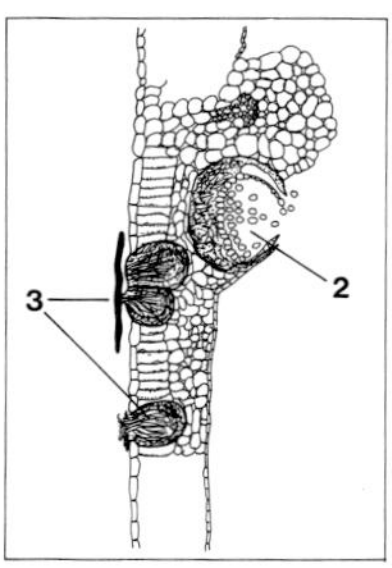

Abb. 91

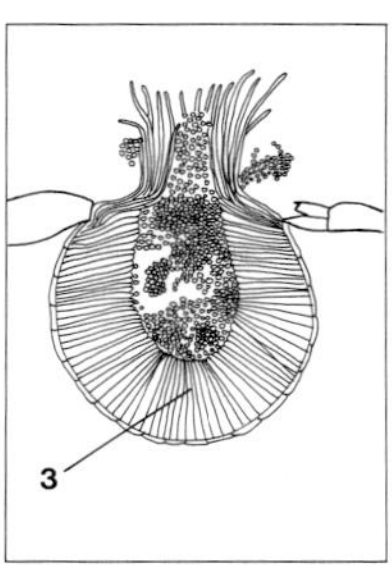

Abb. 92

- *Puccinia coronata* (Kronenrost) an Hafer. Zwischenwirt: *Rhamnus cathartica* (Kreuzdorn) (Abb. 80).
- *Puccinia recondita* (Braunrost) an Weizen. Zwischenwirt: *Thalictrum flavum* (Wiesenraute).
- *Puccinia dispersa* (Braunrost) an Roggen. Zwischenwirt: *Anchusa arvensis, A. officinalis* (Ochsenzunge) (Abb. 81, 82, 83).
- *Puccinia hordei* (Zwergrost) an Gerste. Zwischenwirt: *Ornithogalum spec.* (Milchstern-Arten). Der Zwergrost besitzt als einziger Getreiderost nur einzellige Teleutosporen.

Die Rostkrankheiten des Getreides haben auch heute noch weltweit eine große wirtschaftliche Bedeutung. Es treten immer wieder verheerende Rostepidemien auf, die erhebliche Ertragsausfälle verursachen. So entstehen durch den Schwarzrost bis in die Gegenwart hinein in verschiedenen Regionen Verluste bis zu 80 %. Allein in Australien gab es 1963/64 Ertragsausfälle in Höhe von 10 Millionen Dollar. Eine ähnliche Bedeutung besitzt auch der Gelbrost. Hier traten in Mitteleuropa nach einem starken Befall in den Jahren 1937/38, 1955 und 1961 Schäden bis zu 50 % auf.

Bei Getreiderosten findet häufig eine biologische Spezialisierung statt. Dieses Phänomen ist insbesondere beim Schwarzrost eingehend untersucht worden. So können einzelne Unterarten von *Puccinia graminis* (= *formae speciales,* Varietäten), die sich morphologisch nicht unterscheiden, nur ganz bestimmte Getreidearten infizieren. Um die einzelnen Untereinheiten auseinanderzuhalten, wird *P. graminis* ein dritter Name angefügt. So tritt z. B. *P. graminis* f. sp. *tritici* nur an Weizen, *P. graminis* f. sp. *hordei* nur an Gerste auf. Durch die Bildung von physiologischen Rassen oder Pathotypen, die nur ganz bestimmte Sorten einer Getreideart infizieren können, geht die biologische Spezialisierung noch einen Schritt weiter. So sind für *P. graminis* f. sp. *tritici* mehr als 300 Rassen bekannt. Neben den Getreiderosten gehören zur Gattung *Puccinia* noch weitere Arten, von denen hier lediglich auf *Puccinia ribesii-caricis,* den Erreger des Stachelbeerrostes, eingegangen werden soll. Hierbei handelt es sich um eine Form, die ihre Aecidien und Spermogonien auf der Kulturpflanze, der Stachelbeere, ausbildet (Abb. 84), während die Teleutosporen- und Uredosporenlager auf Sauergräsern (*Carex*-Arten, Seggen) vorkommen. Der Stachelbeerrost tritt nur sporadisch in stärkerem Umfang auf, kann dann jedoch erhebliche Schäden durch einen vorzeitigen Fruchtfall verursachen. Typische Symptome sind zunächst bläulich-rote Anschwellungen (hypertrophiertes Gewebe) auf den Beeren, Blattstielen und auf der Blattunterseite, aus denen später die Aecidien hervorbrechen.

Weitere zur Familie *Pucciniaceae* gehörende Gattungen mit zahlreichen phytopathogenen Formen sind *Tranzschelia, Uromyces* und *Gymnosporangium.* Die Vertreter der zuletzt genannten Gattung weichen in ihrer Entwicklung vom Normaltypus dadurch ab, daß sie keine Uredosporen bilden (Opsis-Typ). Als Beispiel für diese Gruppe wird im folgenden auf *Gymnosporangium sabinae,* den Erreger des Birnengitterrostes, näher eingegangen. Als Symptome erscheinen im Frühjahr auf der Blattoberseite von Birnenblättern kleine, nur wenige Millimeter große orangerote Flecken (Abb. 85), auf denen winzige Spermogonien sichtbar werden. Im Sommer entwickeln sich auf der Blattunterseite große, braune, warzenförmige Anschwellungen (Abb. 85), in denen die Aeci-

Abb. 89, 90, 91, 92: Uromyces appendiculatus an *Phaseolus*-Bohne (Bohnenrost). Abb. 89, 90, Makroaufnahmen; Abb. 91, Baumwollblau, Vergrößerung × 650; Abb. 92, Baumwollblau, Vergrößerung × 450. Der Bohnenrost ist ein autözischer Rostpilz. Als typisches Symptombild entstehen auf der Blattunterseite zahlreiche von einem hellen Hof umgebene Uredosporenlager (1). Blattquerschnitte zeigen auf der Unterseite Aecidien (2) und auf der Oberseite die für Rostpilze atypischen großen Spermogonien (3).

Abb. 89

Abb. 90

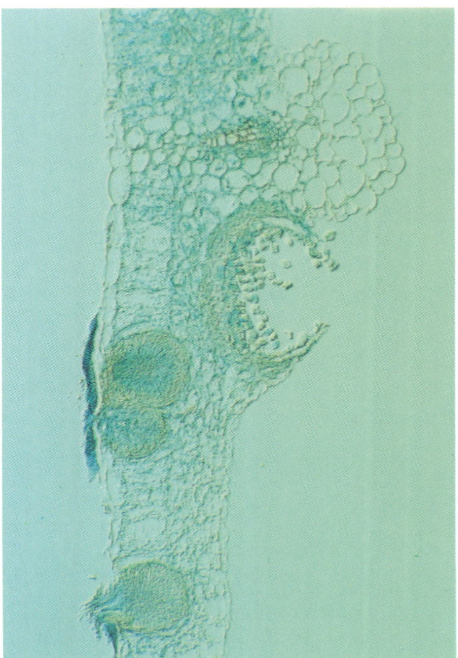

Abb. 91

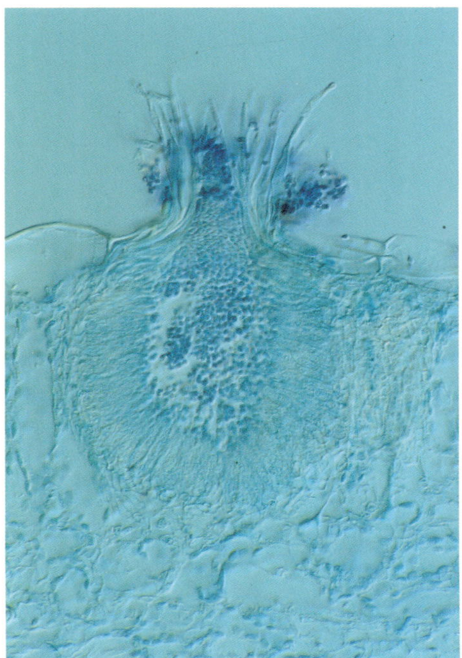

Abb. 92

dien entstehen. Die Aecidiosporen müssen zur Weiterentwicklung des Pilzes auf den Sadebaum *(Juniperus sabinae)* gelangen. Dort bilden sich spindelförmige Anschwellungen an den Zweigen, in denen im Frühjahr die Teleutosporenlager entstehen, die bei trockenem Wetter wie kleine Warzen aussehen und bei Regen zu gallertartigen Zapfen anschwellen. Eine wichtige Bekämpfungsmaßnahme ist die Beseitigung des Sadebaumes, der häufig in Gärten und Parkanlagen angepflanzt wird.

Neben *Juniperus sabinae* dienen noch folgende andere *Juniperus*-Arten als Überträger des Birnengitterrostes: *J. virginiana, J. chinensis, J. excelsa, J. oxycedrus, J. phoenicae.* Der in Gärten häufig anzutreffende Gemeine Wacholder, *J. communis,* kommt dagegen als Hauptwirt des Gitterrostes nicht in Frage.

Anders als bei den bisher behandelten Rostarten handelt es sich bei dem zur Gattung *Uromyces* gehörenden Bohnenrost mit dem Erreger *Uromyces appendiculatus* um einen autözischen Rostpilz (Eu-Typ), d. h. alle Sporenbehälter und Sporenstadien befinden sich auf einer Wirtspflanze.

Erste Krankheitssymptome im Frühjahr sind weißliche Aecidien auf der Blattunterseite und relativ große Spermogonien auf der Blattoberseite (Abb. 91, 92). Im Bereich der Aecidien ist die Oberseite der Blätter leicht emporgewölbt. Danach werden auf der Blattunterseite in großer Zahl die zimtbraunen von einem hellen Hof umgebenen Uredosporenlager (Abb. 89, 90, 93) und anschließend die Teleutosporenlager (Abb. 95) ausgebildet.

Im Gegensatz zu den *Pucciniaceae* sind die Teleutosporenlager der zur Familie der *Cronartiaceae* gehörenden Rostpilze flache Krusten oder die Teleutosporen sind zu Säulen zusammengewachsen. Das bekannteste Beispiel für diese Familie ist *Cronartium ribicola,* der Erreger des Johannisbeersäulenrostes. Der Pilz entwickelt Uredo- und Teleutosporen bevorzugt auf der Schwarzen Johannisbeere, Spermogonien und Aecidien auf der Weymouthkiefer *(Pinus strobus).* Es handelt sich daher im vorliegenden Fall wieder um einen heterözischen Rostpilz.

Als erste Symptome erscheinen auf der Blattunterseite der Johannisbeerblätter kleine hellgelbe Pusteln, diese enthalten Uredosporen, die die Krankheit während der Vegetationsperiode im Bestand verbreiten. Im Spätsommer werden dann auf der Blattunterseite aus der aufbrechenden Epidermis herauswachsende, z. T. gebogene, aus Teleutosporen zusammengesetzte braune Säulen gebildet (Abb. 97, 98, 101). Als Folge des Pilzbefalls kommt es zu einem vorzeitigen Blattfall. Die Teleutosporen keimen noch auf dem Blatt, indem sie eine Basidie mit vier Basidiosporen bilden. Diese müssen auf die Weymouthkiefer gelangen. Das Keimmycel wandert über die Nadeln in den Zwischenwirt ein, wo es im folgenden Frühjahr an den Trieben zunächst zur Entwicklung von kleinen Spermogonien kommt; später entstehen auffällige orangerote, blasenförmige Aecidien. Diese Krankheitserscheinung am Zwischenwirt wird als Weymouthkiefer-Blasenrost bezeichnet. Als Folge einer Infektion sterben junge Kiefern häufig ab und ältere Bäume kränkeln, so daß der Holzertrag stark beeinträchtigt ist. Die wirtschaftlichen Schäden können daher sowohl an der Johannisbeere als auch an der Kiefer erheblich sein.

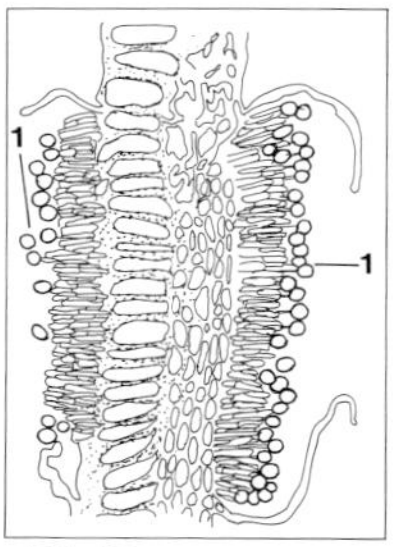

Abb. 93

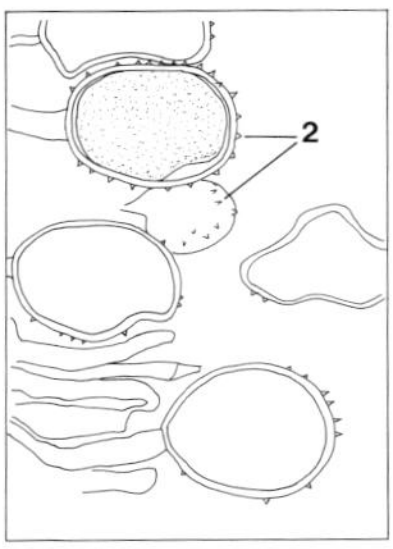

Abb. 94

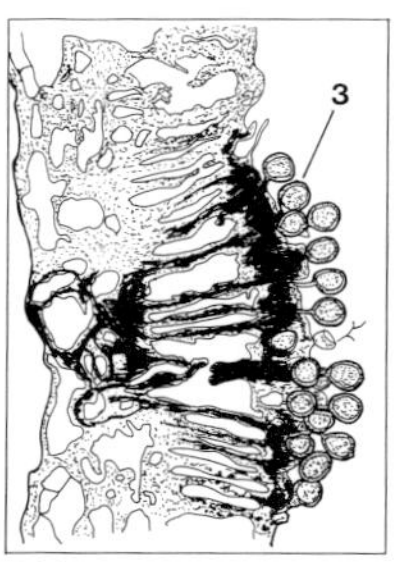

Abb. 95

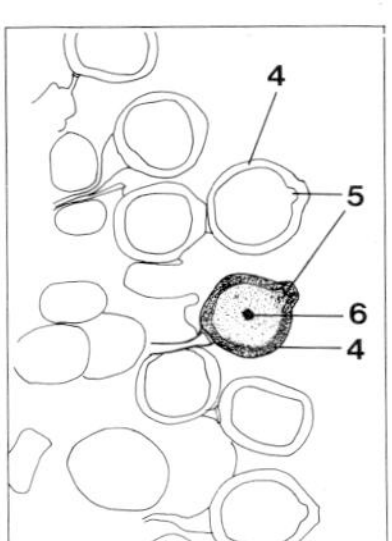

Abb. 96

Abb. 93, 94, 95, 96: Uromyces appendiculatus an *Phaseolus*-Bohne (Bohnenrost). Abb. 93, Baumwollblau, Vergrößerung × 70; Abb. 94, Baumwollblau, Vergrößerung × 700; Abb. 95, Direkttiefschwarz, Vergrößerung × 180; Abb. 96, Direkttiefschwarz, Vergrößerung × 560. Blattquerschnitte zeigen auf beiden Seiten Uredosporenlager (1), die von einer später aufreißenden Epidermis überwallt sind. Die Uredosporen sind, wie für die Rostpilze typisch, dünnwandig und mit kleinen Warzen (2) besetzt. Die Teleutosporenlager (3) enthalten dickwandige, einzellige Teleutosporen (4); sie unterscheiden sich daher gut von den Uredosporen. Charakteristisch für die Teleutosporen ist ferner der terminal inserierte Porus (5) und der deutlich sichtbare diploide Kern (6).

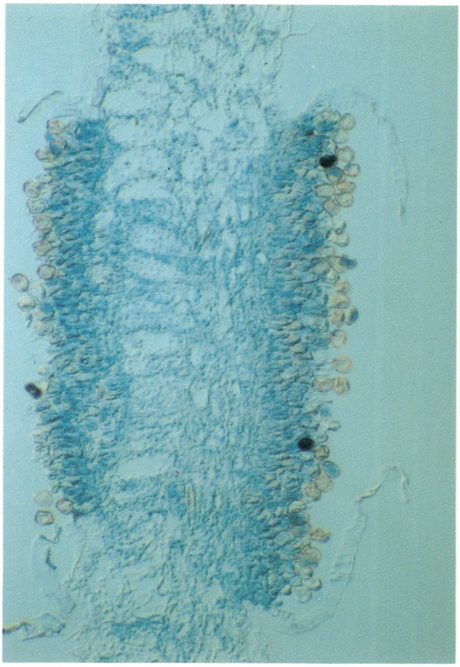
Abb. 93

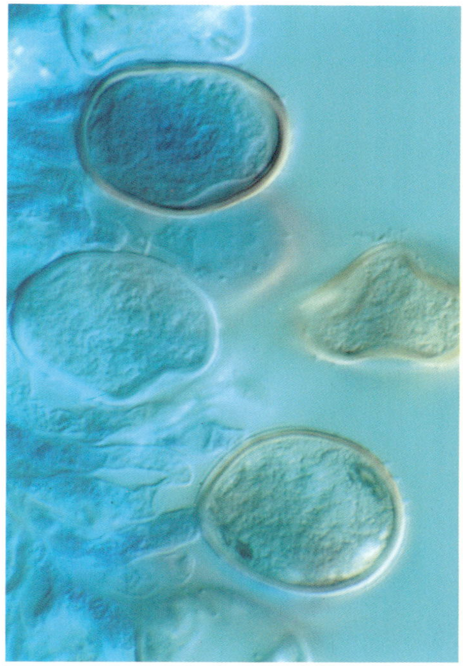
Abb. 94

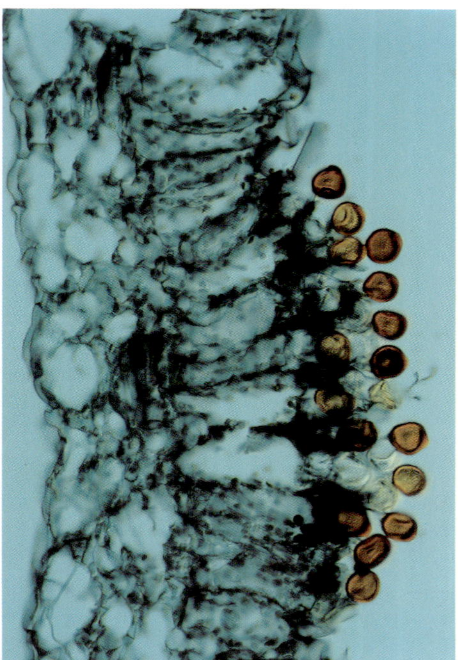
Abb. 95

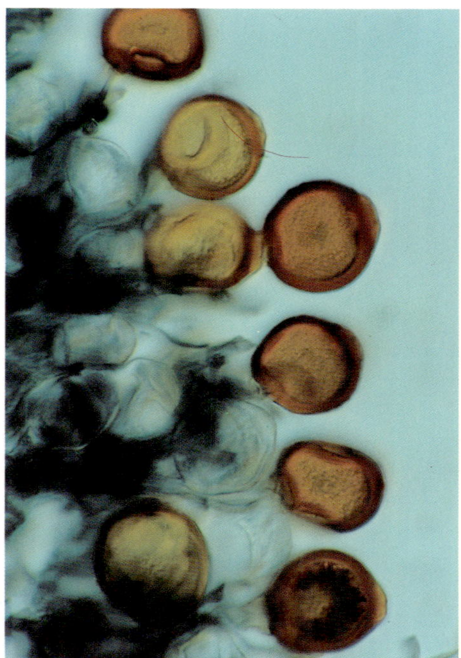
Abb. 96

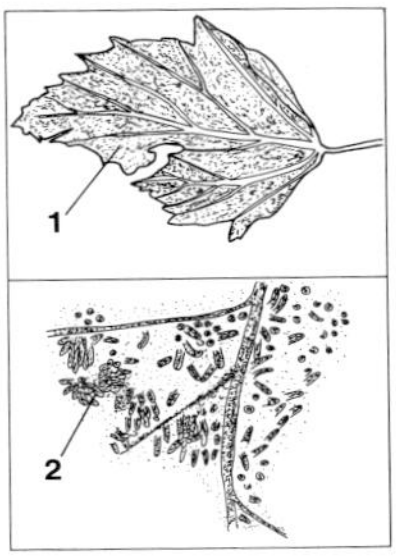

Abb. 97/98

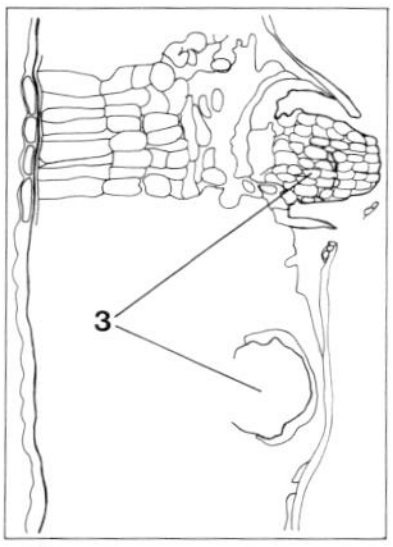

Abb. 99

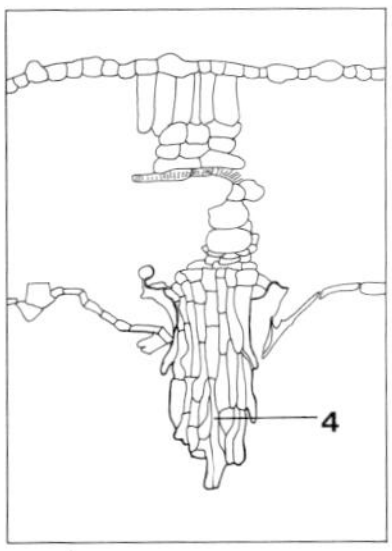

Abb. 100

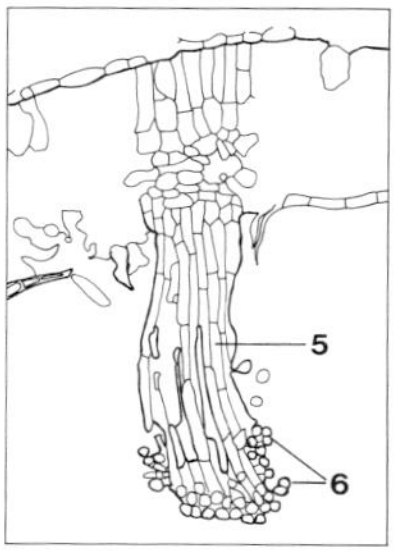

Abb. 101

Die Maßnahmen zur Bekämpfung der Roste umfassen den Einsatz von Fungiziden, die Beseitigung von Ernterückständen mit Sporenlagern (z. B. Bohnenrost) und die Resistenzzüchtung.

Die Bekämpfung der besonders gefährlichen Getreideroste erfolgt heute durch Anwendung systemischer Fungizide. Zur Ausschaltung des Schwarzrostes *(Puccinia graminis)* kann auch die Ausrottung der Berberitze als Zwischenwirt praktiziert werden. Dieses Verfahren ist jedoch nur dort wirksam, wo die Uredosporen den Winter nicht überdauern. Eine weitere Möglichkeit zur Ausschaltung der Getreideroste ist die Resistenzzüchtung. Durch die starke Neigung der Rostpilze zur Bildung neuer Rassen, die an ihren Wirtspflanzen wieder Krankheitssymptome hervorrufen können, werden die Erfolge der Resistenzzüchtung immer wieder zunichte gemacht. Dies gilt besonders für den Fall, daß eine vertikale, nur gegen einen oder wenige Pathotypen wirksame Resistenz vorliegt. Um der schnellen Entwicklung neuer Rassen entgegenzuwirken, werden verstärkt Sorten mit einer horizontalen Resistenz gezüchtet. Derartige Sorten besitzen eine mehr oder weniger ausgeprägte Teilresistenz gegenüber allen auftretenden Pathotypen, die sich dadurch äußert, daß die Durchseuchung des Bestandes stark verlangsamt ist.

Eine Auswahl weiterer wirtschaftlich wichtiger phytopathogener *Teliomycetes:*

Uromyces pisi-sativi (Erbsenrost an Erbse, Zwischenwirt: *Euphorbia cyparissias,* Zypressenwolfsmilch). *Uromyces viciae-fabae* (Ackerbohnenrost an Ackerbohne, Erbse, autözischer Rostpilz). *Tranzschelia pruni-spinosa* (Zwetschenrost an Hauspflaume, Aprikose, Pfirsich, Zwischenwirt: *Anemone coronaria,* Gartenanemone).

Abb. 97, 98, 99, 100, 101: Cronartium ribicola an Schwarzer Johannisbeere (Säulenrost). Abb. 97, 98, Makroaufnahmen; Abb. 99, Direkttiefschwarz, Vergrößerung × 180; Abb. 100, Direkttiefschwarz, Vergrößerung × 280; Abb. 101, Direkttiefschwarz, Vergrößerung × 180. Auf der Blattunterseite entstehen braune Teleutosporenlager (1). Die Teleutosporen sind als gekrümmte säulenförmige Gebilde deutlich zu erkennen (2). Blattquerschnitte zeigen unter der Epidermis die Anlage der Teleutosporenlager (3). Nach Aufbrechen der Epidermis treten die Teleutosporen nach außen (4). Durch ständiges Nachwachsen der Sporen an der Basis entstehen lange, nebeneinander liegende Teleutosporensäulen (5). An den seitlichen Teleutosporen kommt es zur Ausbildung der Basidie (6).

Abb. 97/98

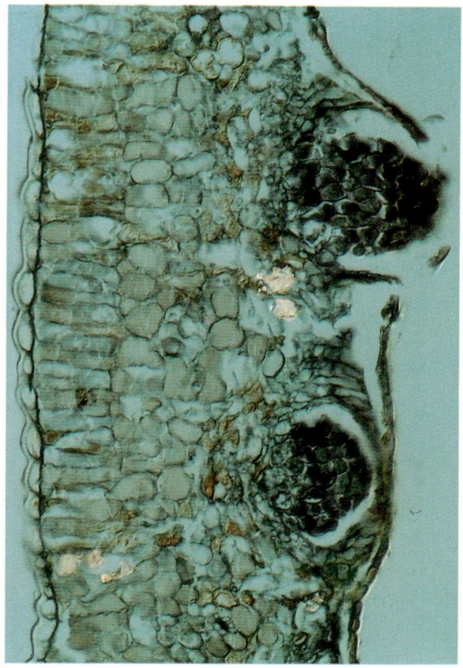

Abb. 99

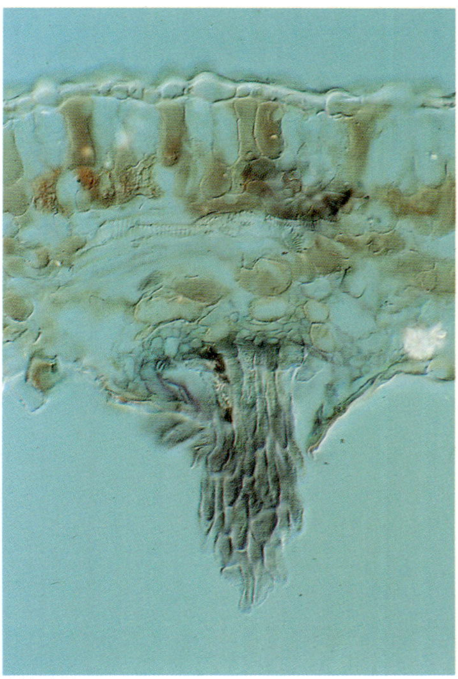

Abb. 100

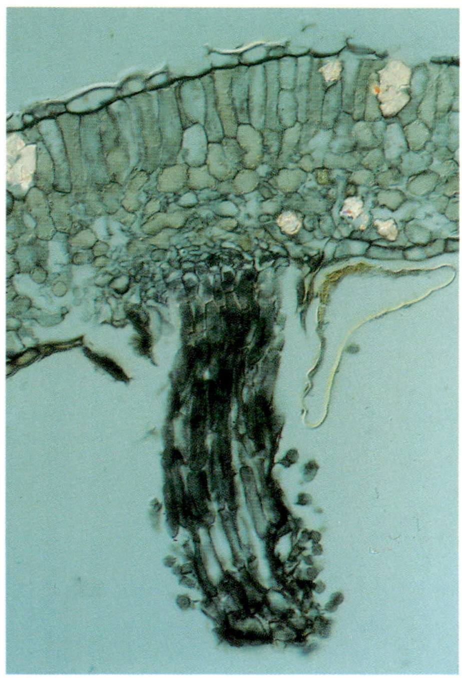

Abb. 101

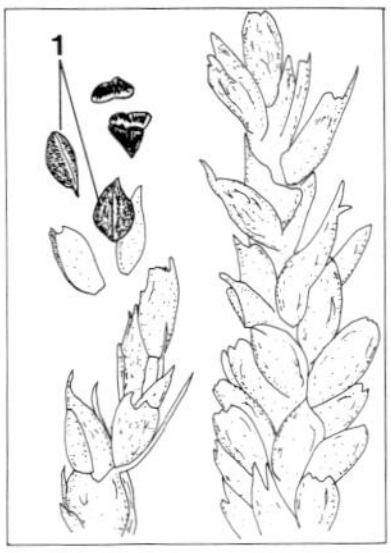

Abb. 102

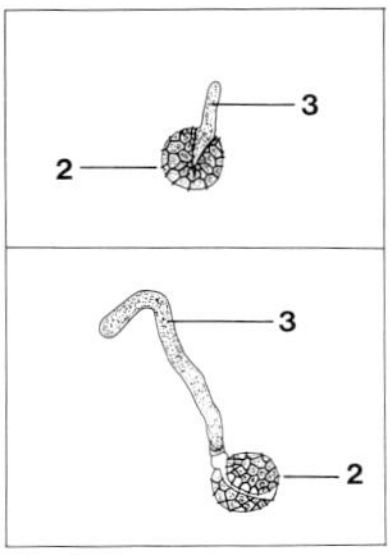

Abb. 103/104

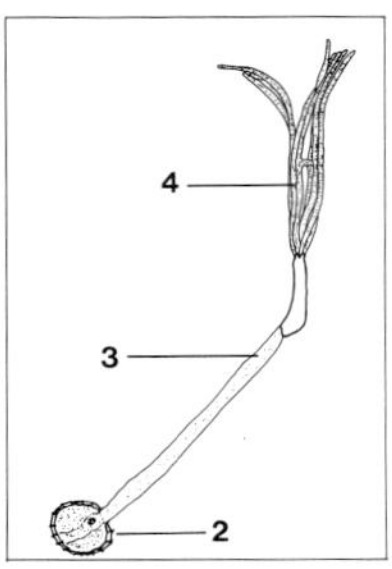

Abb. 105

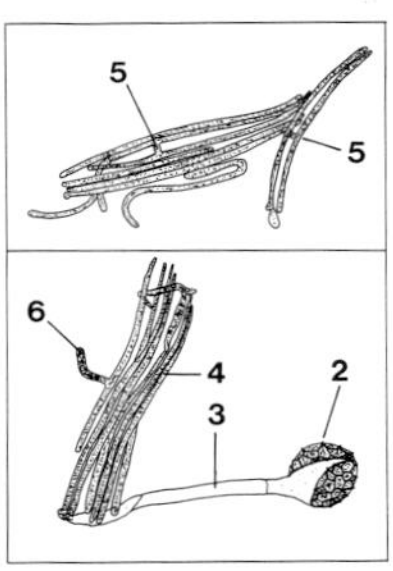

Abb. 106/107

Ustilaginales: Der Entwicklungsgang der Brandpilze ist wesentlich einfacher als der der Rostpilze. Ein Wirtswechsel liegt nicht vor. Die diploide Brandspore (Abb. 103, 109, 111), die der Teleutospore der Uredinales entspricht, stellt die Probasidie dar. Aus dieser geht bei den *Ustilaginaceae* nach der Reduktionsteilung ein vierzelliges Promycel (Metabasidie) hervor. Jede Zelle kann haploide Sporidien abschnüren, die den Basidiosporen entsprechen. Die Keimmycelien der Sporidien kopulieren zu einem dikaryotischen Mycel, das anschließend in die Wirtspflanze eindringt.

Bei den *Tilletiaceae* ist das aus der Brandspore auswachsende Promycel (Abb. 103, 104) unseptiert. An der Spitze entstehen nach der Meiose und zwei mitotischen Kernteilungen acht Sporidien (Abb. 105), in die die haploiden Kerne einwandern. Die Sporidien können paarweise fusionieren (Abb. 106); sie schnüren anschließend dikaryotische Konidien ab, aus denen ein infektionstüchtiges dikaryotisches Mycel hervorgeht (Abb. 107).

Den Uredosporen der Rostpilze vergleichbare Sporen sind bei den Brandpilzen nicht vorhanden. Eine Ausbreitung dieser Pilze während der Vegetationsperiode mit anschließender Symptomausbildung kommt daher bei den Branden nicht vor.

Die Brandpilze können sich auf einem künstlichen Nährmedium entwickeln. So keimen Brandsporen von *Tilletia caries* nach wenigen Tagen in Wasser mit einem Keimschlauch aus und entwickeln Sporidien.

Von besonderer wirtschaftlicher Bedeutung sind die Getreidebrande. Im folgenden wird daher nur auf diese Arten näher eingegangen. Charakteristisch für diese Krankheitserreger ist, daß nach erfolgter Infektion das Mycel die Wirtspflanze durchwuchert, ohne daß diese äußere Krankheitssymptome zeigt. Erst nach Ausbildung der Fruktifikationsorgane werden die Symptome durch Ausbildung der Brandsporenlager sichtbar (Abb. 102, 108, 110).

Der Ort und der Zeitpunkt der Infektion ist für die Bekämpfung der Brandpilze von Wichtigkeit. Hierbei unterscheidet man:

- Die Keimlingsinfektion. Sie ist typisch für *Tilletia caries* (Weizensteinbrand). Die Brandsporen dieses Pilzes gelangen nach der Ernte durch Aufschlagen der harten Brandbutten beim Dreschvorgang außen an die Getreidekaryopsen und setzen sich bevorzugt in den Bärtchen fest. Erst nach der Aussaat entsteht das infektionstüchtige Mycel und dringt in die aufwachsende Keimpflanze ein.
- Die Jungpflanzeninfektion. Sie ist typisch für *Tilletia contraversa* (Zwergsteinbrand). Die Brandsporen gelangen beim Mähdrusch in den Boden und keimen erst nach einer Kälte- und Lichtinduktion. Es werden vorwiegend Spättriebe der aufwachsenden Wirtspflanzen befallen.
- Die Blüteninfektion. Sie ist typisch für die Flugbrande *Ustilago nuda* und *Ustilago tritici* (Gersten- und Weizenflugbrand). Die lose auf der Getreidespindel liegenden Brandsporen werden durch den Wind in die Blüten gesunder Wirtspflanzen geweht. Dort keimen sie aus und das entstehende

---

Abb. 102, 103, 104, 105, 106, 107: Tilletia caries an Weizen (Hartbrand, Steinbrand). Abb. 102, Makroaufnahme; Abb. 103, Vergrößerung × 700; Abb. 104, Vergrößerung × 450; Abb. 105, Vergrößerung × 450; Abb. 106, Vergrößerung × 450; Abb. 107, Vergrößerung × 450. Eine befallene Weizenähre enthält statt der Getreidekörner harte Brandbutten (1), in denen zahlreiche Brandsporen enthalten sind. Die Hartbrandsporen sind von netzartig angeordneten Leisten überzogen (2). Die Höhe der Leisten wird mit 1,66–2 µm angegeben. Die Brandsporen keimen mit einem unseptierten Promycel (3), an dem terminal 8 Sporidien entstehen (4). Die geschlechtlich differenzierten Sporidien fusionieren paarweise (5) und bilden ein infektionstüchtiges dikaryotisches Mycel (6), das in den Weizenkeimling eindringt (Keimlingsinfektion).

Abb. 102

Abb. 103/104

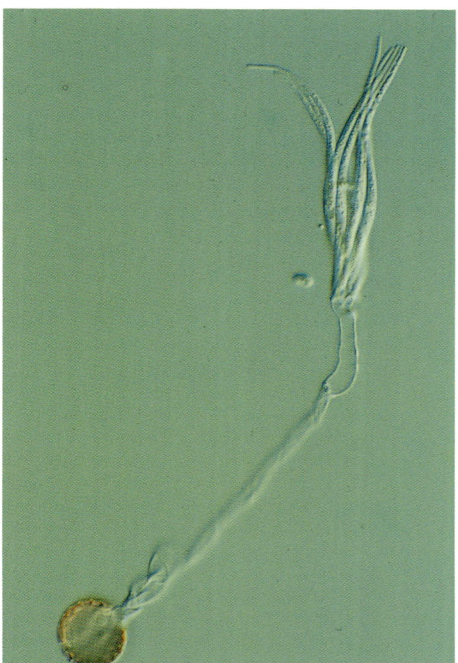

Abb. 105

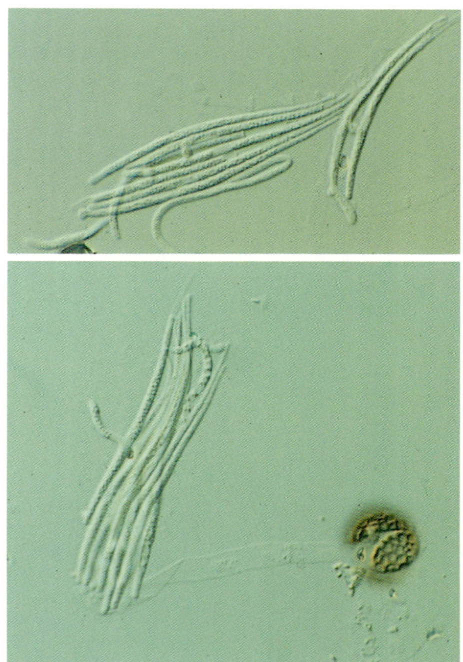

Abb. 106/107

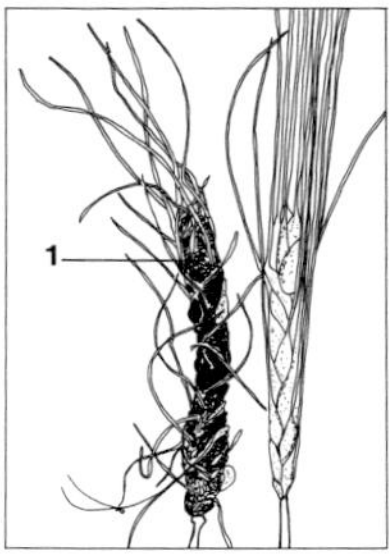

Abb. 108

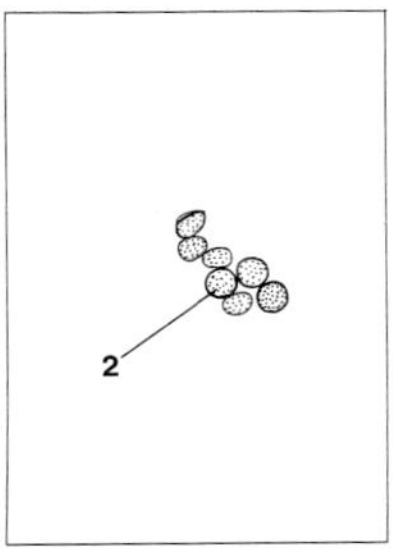

Abb. 109

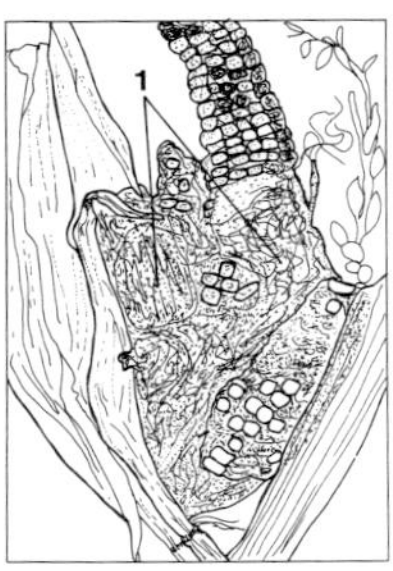

Abb. 110

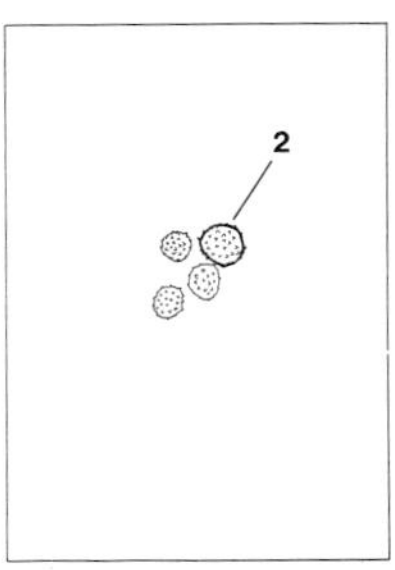

Abb. 111

dikaryotische Mycel dringt in den Embryo ein. Von dort aus wächst der Pilz nach der Aussaat in die aufwachsende Pflanze ein.

- Die Blütenkeimlingsinfektion. Sie ist typisch für *Ustilago avenae* (Haferflugbrand). Wie beim Weizen- und Gerstenflugbrand gelangen die Brandsporen in die Blüte gesunder Wirtspflanzen und keimen dort aus. Das Mycel gelangt jedoch nicht in den Embryo, sondern verbleibt zwischen Spelze und Fruchtanlage. Das Mycel dringt erst nach der Aussaat im Frühjahr in den Haferkeimling ein.
- Die Triebinfektion. Sie ist typisch für *Ustilago maydis* (Maisbeulenbrand). Das aus den Brandsporen entstehende Mycel ist während der ganzen Vegetationsperiode infektionstüchtig und kann über meristematisches Gewebe in alle Sproßteile eindringen.

Die Übertragung der wichtigen Getreidehart- und -flugbrande erfolgt von einer Vegetationsperiode zur anderen mit dem Saatgut. Beim Weizenhartbrand, *Tilletia caries,* gelangen die Brandsporen außen an die Getreidekaryopsen, von wo aus nach der Aussaat die eigentliche Infektion erfolgt. Beim Weizen- und Gerstenflugbrand werden die Sporen in die Blüten gesunder Pflanzen geweht. Nach erfolgter Keimung dringt das Keimmycel in die Karyopsen ein und der Pilz überdauert als Mycel im Getreidekorn. Im Gegensatz dazu können die Sporen des Maisbeulenbrandes und des Zwergsteinbrandes im Boden überwintern und von dort aus im Frühjahr eine Infektion einleiten.

Die mit dem Saatgut übertragbaren Getreidebrande können durch eine Saatgutbehandlung mit Fungiziden bekämpft werden. Bei den Flugbranden müssen, da sich das Mycel in den Karyopsen befindet, systemisch wirkende Präparate verwendet werden. Eine wichtige vorbeugende Maßnahme ist die Saatgutanerkennung. Getreidesaatgut darf nur vertrieben werden, wenn es als Basissaatgut oder zertifiziertes Saatgut anerkannt ist. Eine Anerkennung erfolgt, wenn auf einer Fläche von $150\,m^2$ nicht mehr als eine Pflanze mit Hartbrand und nicht mehr als 5 Pflanzen (zertifiziertes Saatgut) bzw. 3 Pflanzen (Basissaatgut) mit Flugbranden und Zwergsteinbrand infiziert sind. Bei einer Prüfung des Saatgutes von Weizen dürfen keine Brandbutten von *Tilletia caries* vorhanden sein.

Eine Auswahl weiterer wirtschaftlich wichtiger phytopathogener *Ustilaginales: Tilletia contraversa* (Zwergsteinbrand an Weizen). *Ustilago tritici* (Flugbrand an Weizen). *Ustilago avenae* (Flugbrand an Hafer). *Ustilago hordei* (Hartbrand an Roggen). *Urocystis occulta* (Stengelbrand an Roggen). *Urocystis cepulae* (Zwiebelbrand an Zwiebel).

Abb. 108, 109: Ustilago nuda an Gerste (Flugbrand). Abb. 108, Makroaufnahme; Abb. 109, Vergrößerung × 700. Die Flugbrandsporen lagern frei auf der Getreidespindel (1), sie haben eine mit kleinen Warzen besetzte Oberfläche (2).

Abb. 110, 111: Ustilago maydis an Mais (Beulenbrand). Abb. 110, Makroaufnahme; Abb. 111, Vergrößerung × 700. An allen oberirdischen Teilen der Maispflanzen können beulenförmige Gebilde (Gallen) auftreten (1), die zahlreiche Brandsporen enthalten. Diese sind größer als bei *Ustilago nuda;* die Oberfläche ist jedoch auch hier mit zahlreichen kleinen Warzen besetzt (2).

Abb. 108

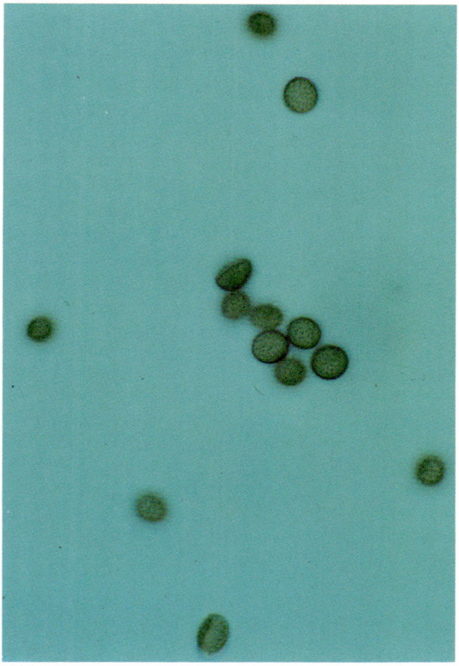
Abb. 109

Abb. 110

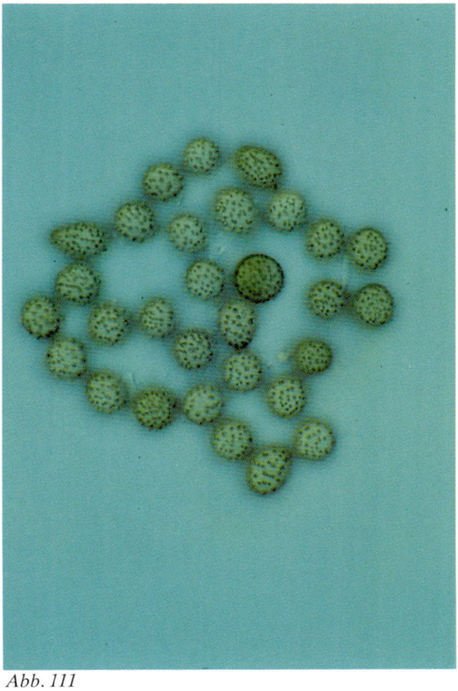
Abb. 111

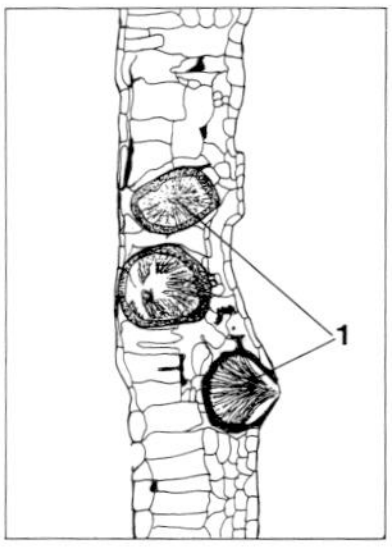

Abb. 112

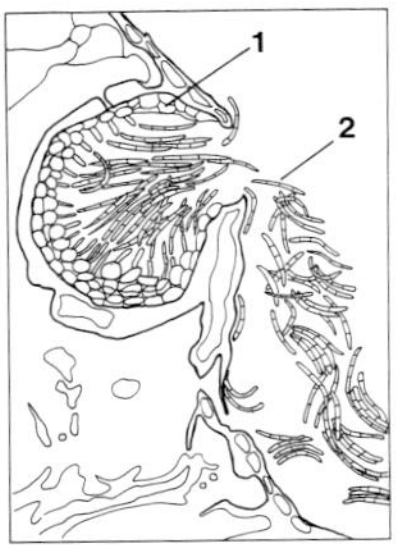

Abb. 113

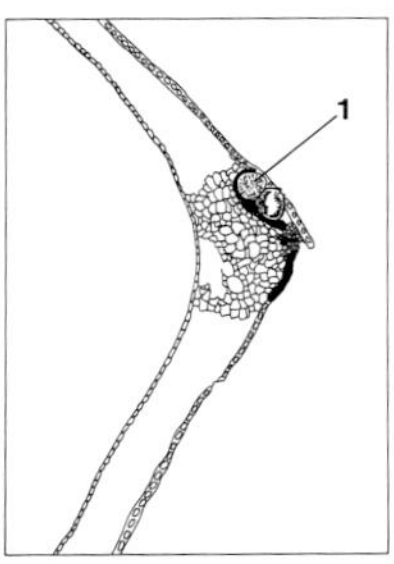

Abb. 114

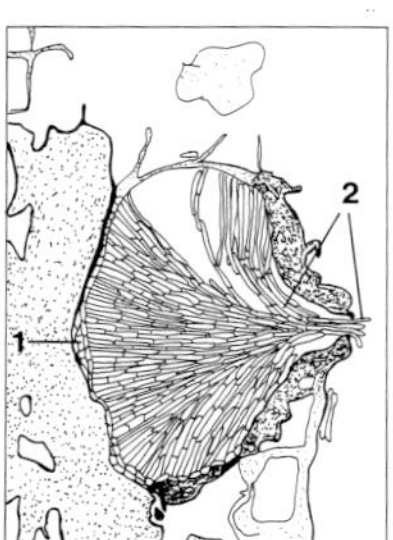

Abb. 115

Deuteromycotina

Zu den *Deuteromycotina* werden alle Pilze gerechnet, deren Hauptfruchtform (Sexualstadium) nicht bekannt ist oder nicht existiert. Die Zuordnung ist jedoch häufig nicht einheitlich. Zahlreiche Pilze werden den *Deuteromycotina* zugeordnet, obwohl ein Sexualstadium nachgewiesen werden kann. Dies ist darauf zurückzuführen, daß in der Praxis meist nur die Konidienform erkannt wird oder ausschließlich die Nebenfruchtform für die Entwicklung dieser Pilze von Bedeutung ist.

Die Gliederung der *Deuteromycotina* muß, da ein Sexualstadium nicht vorliegt bzw. keine Berücksichtigung findet, nach sekundären Kriterien erfolgen, wie die Art der Fruktifikation sowie die Form, Farbe und Septierung der Konidien. Die phytopathologisch wichtigen Arten werden zwei Klassen und drei Ordnungen zugeordnet, die folgende charakteristische Unterscheidungsmerkmale aufweisen:

- Die Konidien entwickeln sich in krugförmigen, mit einer Öffnung versehenen Pyknidien (Klasse *Coelomycetes,* Ordnung *Sphaeropsidales,* Abb. 112, 114, 116).
- Die Konidien entwickeln sich in flachen, als Acervuli bezeichneten Lagern (Klasse *Coelomycetes,* Ordnung *Melanconiales,* Abb. 119).
- Die Konidien entstehen unmittelbar an Hyphen oder besonders gestalteten Konidienträgern (Klasse *Hyphomycetes,* Ordnung *Hyphomycetales,* Abb. 121).

Der Entwicklungskreislauf der Deuteromycotina ist, da die Hauptfruchtform fehlt, unkompliziert. Es werden nur Konidien gebildet. Die gesamte Entwicklung läuft in der Haplophase ab.

Coelomycetes: Zur Ordnung *Sphaeropsidales* gehören zahlreiche phytopathogene Formen, die überwiegend auf ihren Wirtspflanzen Flecken verursachen, in denen die Pyknidien als kleine dunkle Körper sichtbar werden. Innerhalb dieser Ordnung haben die Gattungen *Phoma, Ascochyta* und *Septoria* eine größere Bedeutung. Die zu den einzelnen Gattungen gehörenden Arten unterscheiden sich in der Form der gebildeten Konidien: *Phoma* besitzt einzellige, *Ascochyta* zweizellige, *Septoria* längliche, mehrfach septierte und *Dilophospora* einzellige, an beiden Enden mit gegabelten Borsten besetzte Konidien (Pyknosporen).

Von den zahlreich vorkommenden phytopathogenen Formen wurden drei Beispiele ausgewählt: *Septoria apii* verursacht auf den Blättern von Sellerie gelbbraune bis braune Flecken mit kleinen dunklen Pyknidien (Abb. 112). Bei feuchtem Wetter werden die fadenförmigen Sporen aus den Pyknidien (Abb. 113) entlassen und mit Regen und Wind im Bestand verbreitet. Der Pilz überwintert an Samen und Ernterückständen. Durch *Septoria nodorum* entstehen auf den Spelzen von Weizen braune Flecken, in denen später braunschwarze Pyknidien (Abb. 114) erscheinen. Als Folge des Pilzbefalls sind die Getreidekörner stark deformiert oder geschrumpft. Der Pilz überdauert mit

Abb. 112, 113: Septoria apii an Sellerie (Blattfleckenkrankheit). Abb. 112, Hämatoxylin-Fuchsin, Vergrößerung × 110; Abb. 113, Hämatoxylin, Vergrößerung × 450. Blattquerschnitte zeigen krugförmige Pyknidien (1) mit zahlreichen länglichen und mehrfach septierten Pyknosporen (2), die in langen Ranken nach außen abgegeben werden.

Abb. 114, 115: Septoria nodorum an Weizen (Spelzenbräune). Abb. 114, Baumwollblau-Safranin, Vergrößerung × 45; Abb. 115, Baumwollblau-Safranin, Vergrößerung × 450. Querschnitte durch die Spelzen ergeben wie bei *Septoria apii* krugförmige Pyknidien (1) mit länglichen Pyknosporen (2).

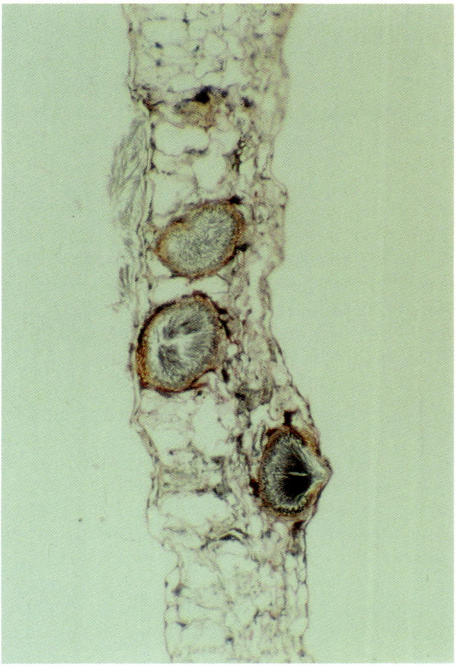
Abb. 112

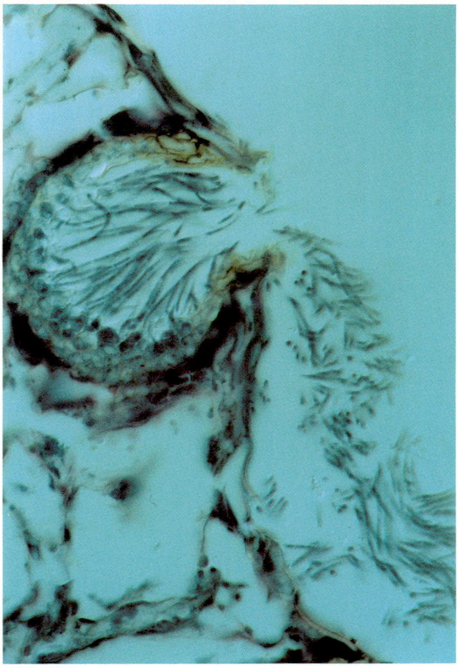
Abb. 113

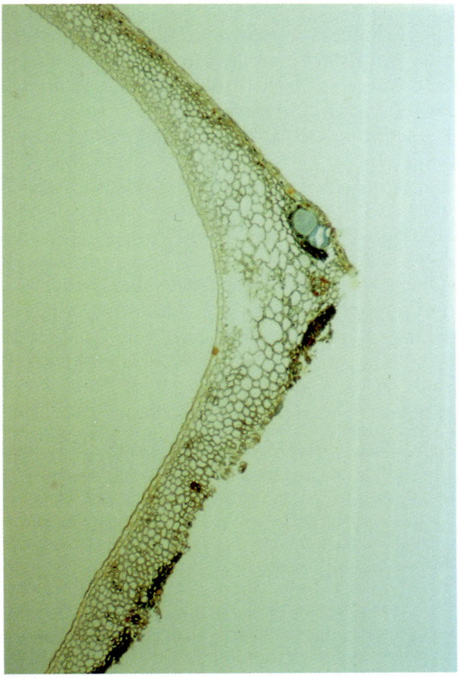
Abb. 114

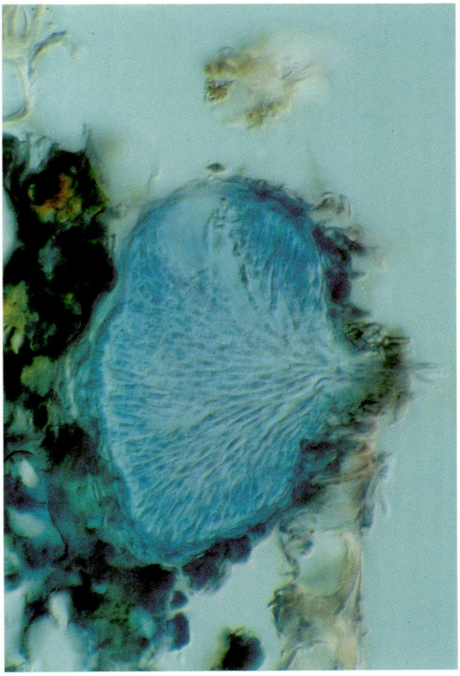
Abb. 115

den Pyknidien auf Ernterückständen. Durch *Dilophospora alopecuri,* den Erreger der Federbuschsporenkrankheit, werden die Getreideähren mit einem braunschwarzen Belag überzogen, in dem sich die Pyknidien mit den länglichen Pyknosporen befinden (Abb. 116, 117). Die Sporen sind an beiden Enden mit gegabelten Borsten besetzt (»Federbusch«). Der Pilz kommt in der Regel zusammen mit der Radekrankheit vor (Erreger ist der Nematode *Anguina tritici*).

Ein wichtiger Vertreter der zur Ordnung *Melanconiales* gehörenden Pilze ist *Gloeosporium perennans,* ein Erreger der Bitterfäule am Apfel. Der Krankheitserreger erzeugt auf den Früchten kreisrunde, braune und etwas eingesunkene Faulflecken (Abb. 118), die später zusammenwachsen. Das Fruchtfleisch nimmt einen bitteren Geschmack an. Im Bereich der Faulstellen werden flache Konidienlager (Acervuli) angelegt, die zunächst noch von der Epidermis überdeckt werden, aber später aufreißen und die Konidien freigeben (Abb. 119). Die Infektion der Früchte erfolgt bereits im Freiland. Die geschilderten Krankheitssymptome erscheinen jedoch erst auf dem Lager. Die Hauptfruchtform (perfektes Stadium) des Pilzes ist bekannt. Sie hat jedoch für die Krankheitsentstehung keine Bedeutung.

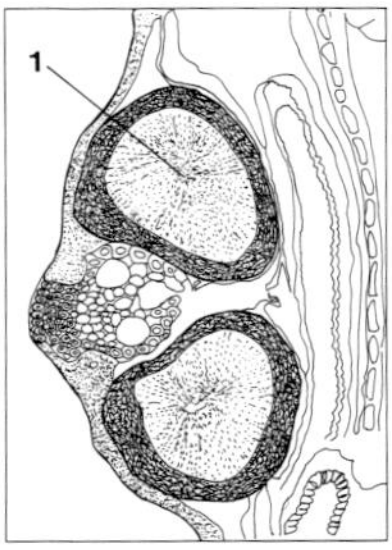

Abb. 116

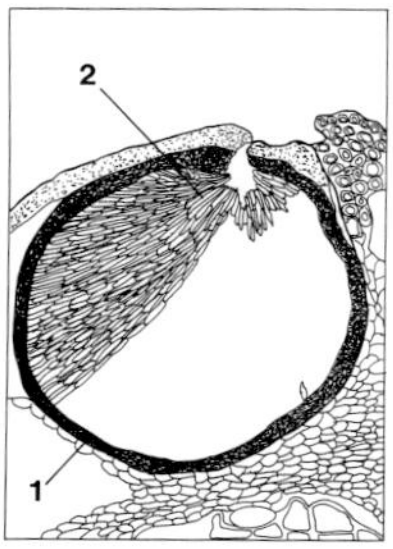

Abb. 117

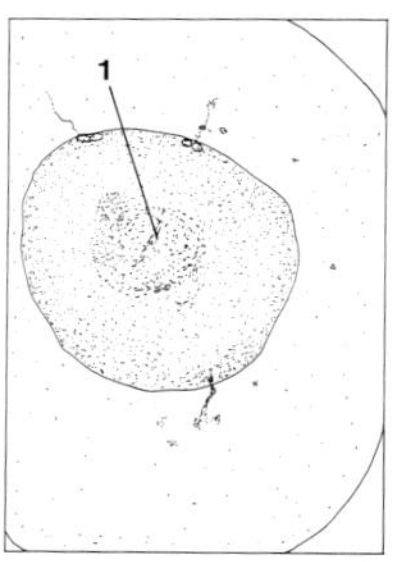

Abb. 118

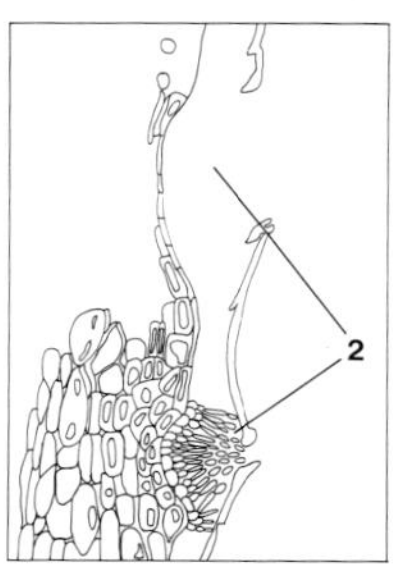

Abb. 119

Hyphomycetes: Die umfangreichste Gruppe unter den *Deuteromycotina* stellen die *Hyphomycetes* dar. Die Konidien sind direkt am Mycel inseriert oder kommen an Zusammenlagerungen von Konidienträgern (Synnema) sowie polsterförmigem Mycel (Sporodochien) vor. Wichtige Gattungen mit bedeutenden phytopathogenen Formen sind u. a. *Botrytis, Pseudocercosporella, Ramularia, Cladosporium, Rhynchosporium, Clasterosporium, Alternaria, Cercospora, Fusarium.* Aus der großen Vielfalt der bekannten Arten kann nur eine kleine Anzahl berücksichtigt werden.

Alternaria-Arten verursachen an vielen Kulturpflanzen Fleckensymptome, so z. B. *Alternaria solani,* die Dürrfleckenkrankheit an Kartoffel und Tomate. Neben braunen Flecken auf den Blättern entsteht zusätzlich auf den Knollen eine Trockenfäule. *A. brassicae* ruft die Rapsschwärze auf den Schoten des Rapses hervor. Es kommt zu einem vorzeitigen Aufbrechen der Schoten und damit zu Samenverlusten. Die Konidien von *Alternaria* haben ein charakteristisches Aussehen; sie sind keulenförmig sowie meist quer- und längstgeteilt (Abb. 120, 121).

Die artenreichste Gattung unter den *Hyphomycetes* ist *Fusarium.* Die Konidien der *Fusarium*-Arten sind sichelförmig und mehrfach septiert (Abb. 123). Von einigen dieser Arten ist auch die Hauptfruchtform bekannt, wie z. B. für *Fusarium nivale* (Hauptfruchtform *Calonectria nivale;* s. *Ascomycotina, Pyrenomycetes*), so daß sie in das natürliche System der Pilze eingeordnet werden können. Viele der zur Gattung *Fusarium* zählenden Pilze sind Erreger von Fäulen. So verursacht *Fusarium solani* var. *coeruleum* eine Trocken- und Weißfäule an der Kartoffelknolle (Abb. 122) oder *F. culmorum* eine Stengelfäule am Mais.

Eine weite Verbreitung besitzt aus der Gattung *Botrytis* der Pilz *Botrytis*

Abb. 116, 117: Dilophospora alopecuri an Weizen, Gerste, Roggen und Dinkel (Federbuschsporenkrankheit). Abb. 116, Direkttiefschwarz, Vergrößerung × 180; Abb. 117, Direkttiefschwarz, Vergrößerung × 280. Querschnitt durch eine Getreideähre mit Pyknidien (1), in denen sich die länglichen einzelligen Pyknosporen befinden (2).

Abb. 118, 119: Gloeosporium perennans an Apfel (Bitterfäule). Abb. 118, Makroaufnahme; Abb. 119, Direkttiefschwarz, Vergrößerung × 280. Auf den infizierten Früchten entstehen braune, etwas eingesunkene Faulstellen (1). Querschnitte von befallenen Apfelteilen weisen flache Konidienlager (Acervuli) auf, die teilweise noch von der Kutikula überwölbt sind (2).

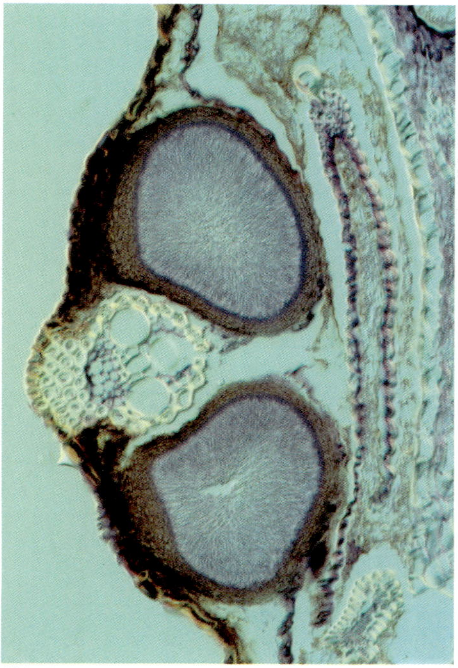

Abb. 116

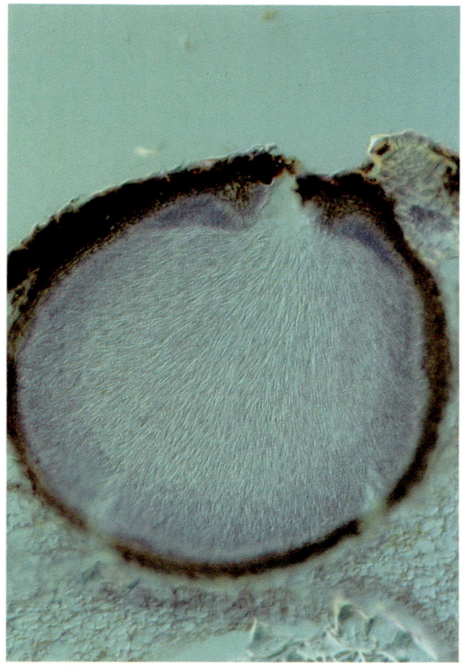

Abb. 117

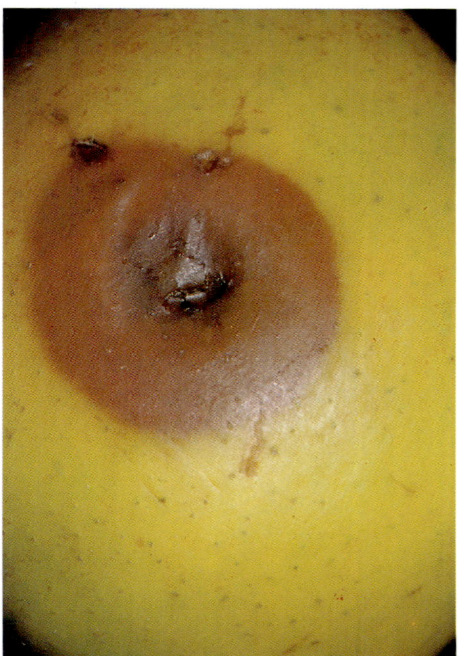

Abb. 118

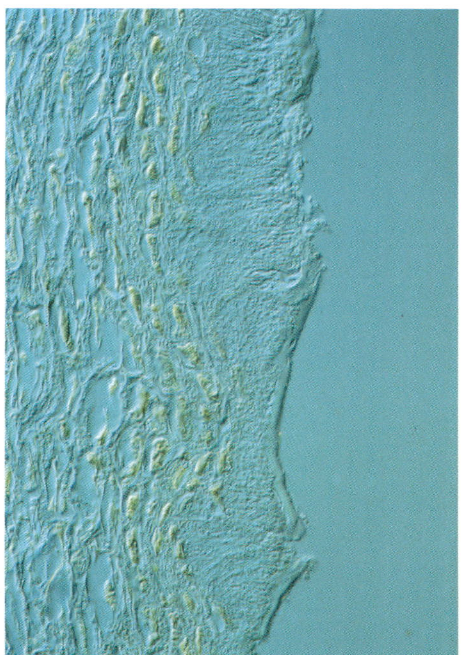

Abb. 119

cinerea, der Erreger des Grauschimmels. Gefürchtet sind die durch diesen Pilz verursachten Fruchtfäulen an Weinreben (»Sauerfäule«) und Erdbeeren. *B. cinerea* tritt auch an zahlreichen anderen Pflanzen (z. B. Salat, Raps, Hopfen, Tomate, Kohl) auf. Typisch ist das Vorkommen von mausgrauem Mycel mit verzweigten Konidienträgern, an denen zahlreiche kleine Konidien inseriert sind. Außerdem bildet der Pilz kleine Sklerotien als Dauerorgane aus. Aus der Gattung *Pseudocercosporella* ist *Pseudocercosporella herpotrichoides,* der Erreger der Halmbruchkrankheit an Roggen, Weizen und Gerste, besonders zu erwähnen. Der Pilz verursacht an der Halmbasis grau- bis gelbbraune ovale Flecken (Medaillon- oder Augenfleck). Der Halmgrund vermorscht und knickt um, so daß es zum Lagern des Getreides kommt. Der Pilz bildet schmale, gekammerte und stark lichtbrechende Konidien (Abb. 124).

Abschließend soll aus der Gattung *Verticillium* noch *Verticillium albo-atrum* erwähnt werden. Zahlreiche Pflanzen dienen diesem Pilz als Wirtspflanze, wie z. B. Luzerne, Kartoffel, Tomate, Gurke u. a. *V. albo-atrum* verstopft die Gefäße (Tracheomycose) und verursacht dadurch Welkeerscheinungen.

Die Bekämpfung der zur Gruppe der Deuteromycotina gehörenden Pilze erfolgt überwiegend durch Einsatz von protektiv und systemisch wirkenden Fungiziden. Außerdem sind geeignete Fruchtfolgemaßnahmen zu empfehlen (Halmbruchkrankheit des Getreides) sowie Lagerbedingungen die der Ausbreitung der Pilze entgegenwirken (Bitterfäule am Apfel). Soweit eine Übertragung durch Samen vorliegt, wird eine Saatgutbehandlung angewendet.

Eine Auswahl weiterer wirtschaftlich wichtiger phytopathogener *Deuteromycotina:*

Sphaeropsidales: Phoma betae (Wurzelbrand an Beta-Rübe). *Phoma lingam* (Umfallkrankheit, Schwarzbeinigkeit an Kohl, Wurzelhals- und Stengelfäule am Raps). *Phoma apiicola* (Schorf an Sellerie). *Ascochyta pisi* (Brennfleckenkrankheit an Erbse).

Melanconiales: Gloeosporium caulivora (Stengelbrand an Klee). *Colletotrichum lindemuthianum* (Brennfleckenkrankheit an Gartenbohne).

Hyphomycetes: Cercospora beticola (Blattfleckenkrankheit an Beta-Rübe). *Rhynchosporium secalis* (Blattfleckenkrankheit an Roggen und Gerste). *Cladosporium cucumerinum* (Krätze an Gurken). *Clasterosporium carpophilum* (Schrotschußkrankheit an Steinobst).

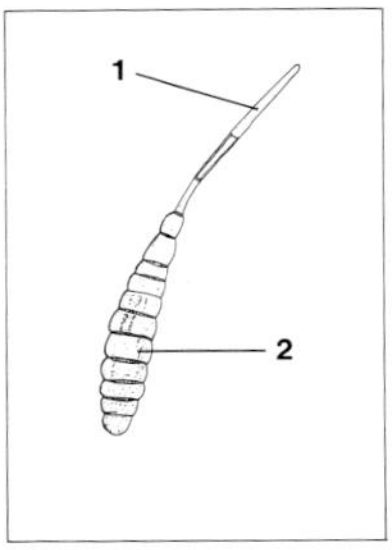

Abb. 120

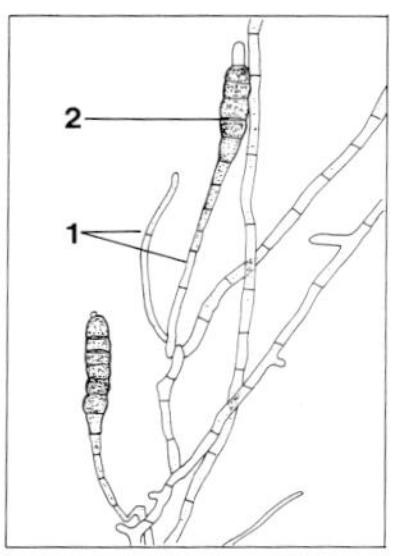

Abb. 121

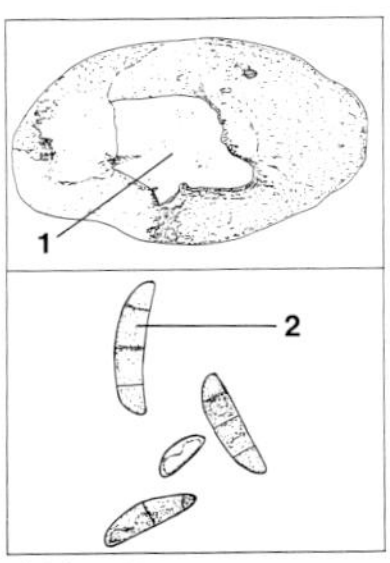

Abb. 122/123

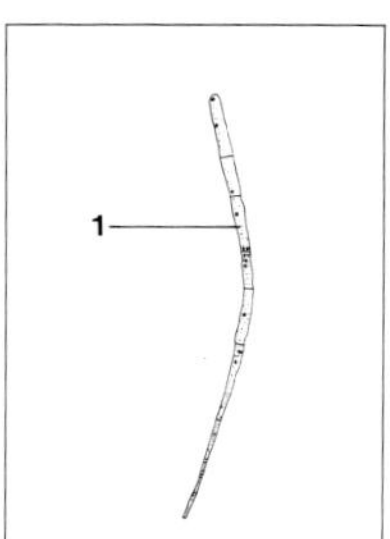

Abb. 124

Abb. 120: *Alternaria brassicae* an Raps (Rapsschwärze). Vergrößerung × 450. Auf den Schoten infizierter Rapspflanzen entstehen in einem schwärzlichen Belag an kurzen Trägern (1) die charakteristisch aussehenden keulenförmigen und gekammerten *Alternaria*-Konidien (2).

Abb. 121: *Alternaria solani* an Kartoffel (Dürrfleckenkrankheit). Vergrößerung × 280. Der Pilz bildet auf befallenen Pflanzenteilen an Konidienträgern (1) inserierte, *Alternaria brassicae* vergleichbare keulenförmige und gekammerte Konidien (2).

Abb. 122, 123: *Fusarium solani* an Kartoffel (Trocken- und Weißfäule). Abb. 122, Makroaufnahme; Abb. 123, Vergrößerung × 700. Auf den Kartoffelknollen entstehen Faulstellen mit einem weißlichen Mycel, (1) an dem die für *Fusarium*-Arten typischen sichelförmig gekrümmten und mehrfach gekammerten Konidien entstehen (2).

Abb. 124: *Pseudocercosporella herpotrichoides* an Weizen und Gerste (Halmbruchkrankheit). Wirtspflanzen sind auch Wildgräser (z. B. Quecke, Windhalm). Vergrößerung × 700. Die mehrfach septierten und stark lichtbrechenden Konidien (1) des Pilzes bilden sich an einfachen Trägern auf den Befallsstellen am Halm oder an Stroh- und Stoppelresten.

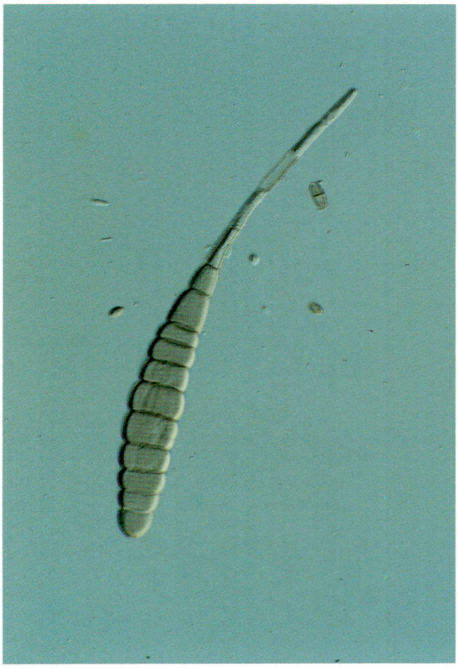

Abb. 120

Abb. 121

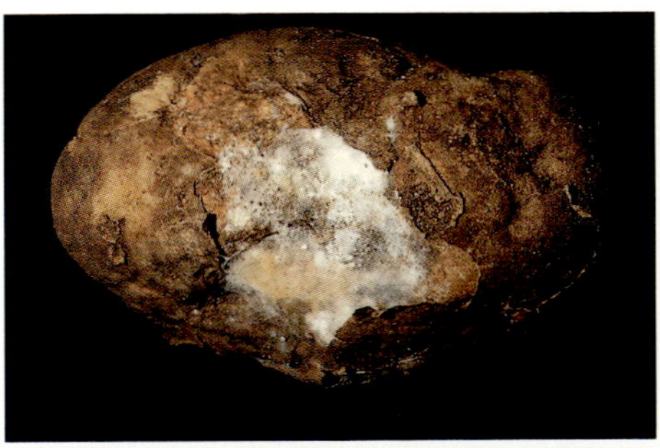

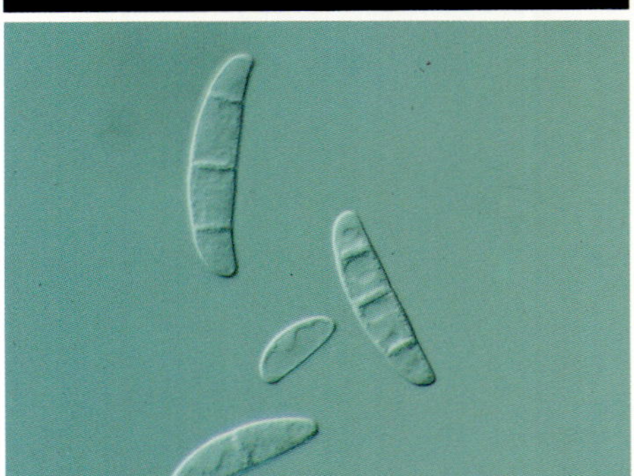

Abb. 122/123

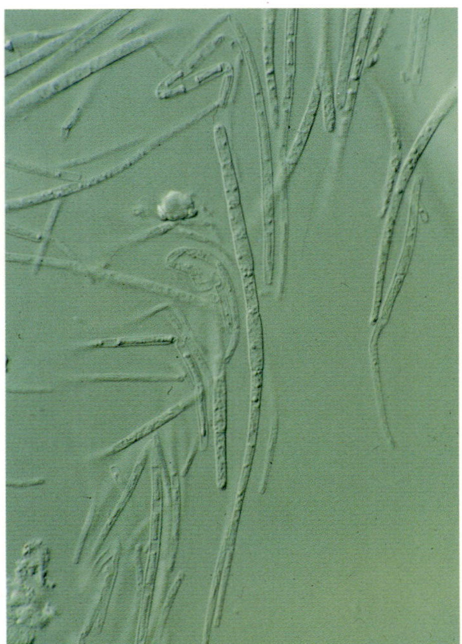

Abb. 124

Literatur

AGRIOS, G. N., 1988: Plant pathology. — San Diego / New York / Berkeley / Boston / London / Sydney / Tokyo / Toronto: Academic Press.

AINSWORTH, G. C., JAMES, P. W. and HAWKSWORTH, D. L., 1971: Ainsworth and Bisby's dictionary of the fungi. — Kew: Commonwealth Mycological Institute.

ALEXOPOULUS, C. J., 1966: Einführung in die Mycologie. — Stuttgart: Fischer.

BARNES, E. H., 1979: Atlas and manual of plant pathology. — New York and London: Plenum Press.

BEDLAN, G., 1988: Phytopathogene Pilze unserer Kulturpflanzen. — Wien: Jugend und Volk Verlagsgesellschaft.

BLUMER, S., 1967: Echte Mehltaupilze (Erysiphaceae). — Jena: VEB Gustav Fischer.

BÖRNER, H., 1990: Pflanzenkrankheiten und Pflanzenschutz. — Stuttgart: Ulmer.

BRANDENBURGER, W., 1963: Vademecum zum Sammeln parasitischer Pilze. — Stuttgart: Ulmer.

GÄUMANN, E., 1959: Die Rostpilze Mitteleuropas. — Beitr. Kryptogamenflora Schweiz 12. Bern: Büchler & Co.

HEITEFUSS, R., 1987: Pflanzenschutz — Grundlagen der praktischen Phytomedizin. — Stuttgart: Thieme.

HEITEFUSS, R., KÖNIG, K., OBST, A. und RESCHKE, M., 1987: Pflanzenkrankheiten und Schädlinge im Ackerbau. — Frankfurt (Main): DLG-Verlag.

HEINZE, K., 1974–1983: Leitfaden der Schädlingsbekämpfung, Bd. I–IV. — Stuttgart: Wissenschaftl. Verlagsges.

HOFFMANN, G. M., NIENHAUS, F., SCHÖNBECK, F., WELTZIEN, H. C. und WILBERT, H., 1985: Lehrbuch der Phytomedizin. — Berlin/Hamburg: Paul Parey.

HOFFMANN, G. M. und SCHMUTTERER, H., 1983: Parasitäre Krankheiten und Schädlinge an landwirtschaftlichen Kulturpflanzen. — Stuttgart: Ulmer.

KIRÁLY, Z., KLEMENT, Z., SOLYMOSY, F. and VÖRÖS, J., 1974: Methods in plant pathology. — Amsterdam, London, New York: Elsevier.

KLINKOWSKI, M., 1967–1977: Pflanzliche Virologie, Bd. I–III. — Berlin: Akademie-Verlag.

KLINKOWSKI, M., MÜHLE, E., REINMUTH, E. und BOCHOW, H., 1974–1976: Phytopathologie und Pflanzenschutz, Bd. I–III. — Berlin: Akademie-Verlag.

MÜHLE, E., WETZEL, T., FRAUENSTEIN, K. und FUCHS, E., 1977: Praktikum zur Biologie und Diagnostik der Krankheitserreger und Schädlinge unserer Kulturpflanzen. — Leipzig: Hirzel.

MÜLLER, E. und LÖFFLER, W., 1982: Mykologie. — Stuttgart: Thieme.

NIENHAUS, F., 1985: Viren, Mycoplasmen und Rickettsien. — Stuttgart: Ulmer.

SCHAAD, N. W. (Ed.), 1980: Laboratory guide for identification of plant pathogenic bacteria. — St. Paul Minnesota: Amer. Phytopath. Soc.

SCHÖNBECK, F., 1979: Pflanzenkrankheiten. Einführung in die Phytopathologie. — Stuttgart: Teubner.

SCHLEGEL, H. G., 1976: Allgemeine Mikrobiologie. — Stuttgart: Thieme.

SCHLÖSSER, E., 1983: Allgemeine Phytopathologie. — Stuttgart: Thieme.

SPENCER, D. M., 1981: The downy mildews. — New York: Academic Press.

STARR, M. P. (Ed.), 1983: Phytopathogenic bacteria. — New York / Berlin/Heidelberg/Tokyo: Springer.

SÜSSMUTH, R., EBERSPÄCHER, J., HAAG, R. und SPRINGER, W., 1987: Biochemisch-mikrobiologisches Praktikum. — Stuttgart / New York: Thieme.

WEBSTER, J., 1983: Pilze — Eine Einführung. — Berlin/Heidelberg / New York: Springer.

Sachregister

Mit * versehene Seitenzahlen verweisen auf Abbildungen

Lehrbuch der biologischen Schädlingsbekämpfung

Von Dr. A. Krieg, Darmstadt, und Prof. Dr. J. M. Franz, Wiesbaden. 1989. 302 S. mit 81 Abb., davon 2 farbig, und 18 Tab. Kart. DM 64,– ISBN 3-489-62326-6

Einleitend werden in diesem Lehrbuch die heutigen Möglichkeiten einer biologischen Schädlingsbekämpfung zur Sicherung der menschlichen Existenz aufgezeigt, und zwar für die Pflanzen- und Tierproduktion sowie für den Schutz der Gesundheit. Auch werden ökologische und soziologische Fragenkomplexe erörtert und die Öffnung gegenüber neuen Erkenntnissen und Technologien besprochen.
Nach wie vor liegt der Schwerpunkt der biologischen Schädlingsbekämpfung bei den klassischen Verfahren der Verwendung von Antagonisten, jedoch erlangen auch Schutzimpfungen und Resistenzzüchtung immer mehr Bedeutung und werden entsprechend berücksichtigt. Weitere Kapitel befassen sich mit der genetischen Schädlingsbekämpfung und mit der Anwendung von ausgewählten Naturstoffen wie Signalstoffen, Autoinhibitoren und Antibiotika. Darüber hinaus wird gezeigt, daß kurzfristige therapeutische Eingriffe oft nicht ‚greifen', so daß die erforderlichen Maßnahmen in ein umfassendes ‚integriertes System' einzubauen sind, um zu längerfristigen Lösungen zu gelangen.
Dieses interdisziplinäre Vorgehen ist das umfassende Thema dieses Werkes, das den gegenwärtigen Erkenntnisstand zusammenfassend darstellt. Dabei wurde berücksichtigt, daß das Buch in erster Linie für diejenigen bestimmt ist, die sich lernend und ausübend mit der Bekämpfung von Schadorganismen und Krankheitserregern befassen, aber auch für Lehrende sowie Vertreter von Politik und Wirtschaft, die an biologischen Innovationen auf diesem Gebiet interessiert sind.

Biologische Schädlingsbekämpfung

unter Berücksichtigung integrierter Verfahren. Von Prof. Dr. J. M. Franz und Dr. A. Krieg, beide Darmstadt. Pareys Studientexte, Nr. 12. 3., neubearb. und erw. Aufl. 1982. 252 S. mit 18 Abb. im Text, 2 Farb- und 26 Schwarzweißabb. auf 13 Taf. und 8 Tab. Kart. DM 34,– ISBN 3-489-60226-9

In der modernen Schädlingsbekämpfung gewinnen biologische Verfahren zunehmend an Bedeutung, vor allem, weil sie den Menschen sowie Nutztiere, Kulturpflanzen und Umwelt schonen.
Mit der kurzgefaßten Darstellung der biologischen Methoden zur Bekämpfung von Pflanzenschädlingen, Unkräutern und Hygieneschädlingen sowie zur Abwehr von Infektionskrankheiten leistet dieses Buch einen aktuellen und notwendigen Beitrag zum Umwelt- und Gesundheitsschutz. Dabei steht die Verwendung von Nutzinsekten und Insektenpathogenen zur Bekämpfung von Schadinsekten im Mittelpunkt der Betrachtung, während zugleich die rasche Weiterentwicklung auch auf allen anderen Gebieten der biologischen und biotechnischen Schädlingsbekämpfung entsprechend berücksichtigt wird.